Reden wir über Baukultur!

jovis

IG Architektur (Hg.)

Reden wir über Baukultur!

Was in Zukunft wichtig wird

Inhalt

IG ARCHITEKTUR
MICHAELA GEBOLTSBERGER
IDA PIRSTINGER
FABIAN WALLMÜLLER

Reden wir über Baukultur!

Baukultur ist als gemeinsame kulturelle Leistung nicht Privatsache, sondern physisches Abbild unserer Gesellschaft. Baukultur ist als Gemeinschaftswerk aller am Entstehen der gebauten Umwelt Beteiligten die langfristige Manifestation gesellschaftlicher Übereinkünfte und damit eine kollektive Gesamtleistung. Sie beschreibt nicht nur die Gestalt unseres Lebensraums auf allen Maßstabsebenen, sondern auch den Prozess seiner Entstehung, Aneignung, Nutzung und Erhaltung. Sie ist fest im Alltag aller Menschen verwoben und beeinflusst ihr Zusammenleben und Wohlbefinden.

Die Frage, wie wir dieses Zusammenleben gestalten wollen, treibt nicht nur Architekturschaffende und Stadtplanende um, sondern beschäftigt auch weite Teile der Gesellschaft. Anlässlich ihres zwanzigjährigen Bestehens blickt die IG Architektur als Impulsplattform für Architektur mit diesem Buch nicht nur auf zwanzig Jahre kollektives, solidarisches Engagement für Baukultur zurück, sondern richtet den Blick vor allem in die Zukunft: Welche Themen werden für die Baukultur in den kommenden Jahren wichtig sein? Reden wir darüber!

In den folgenden Beiträgen wird viel über gesellschaftliche Zukunft, über Chancen und verpasste Gelegenheiten gesprochen, aber auch über Modelle und Strategien, wie eine gemeinsame Zukunft gestaltet werden kann. Wie kann den großen gesellschaftlichen Herausforderungen wie Klimawandel, Nachhaltigkeit, Stadtentwicklung, Migration, Mobilität, öffentlicher Raum und Wohnen mit zukunftsweisenden Ansätzen begegnet werden? Welchen Beitrag kann Baukultur hier leisten? Die in diesem Buch versammelten Texte, Statements und Kommentare machen aber auch deutlich, dass die heute anstehenden, großen gesellschaftlichen Veränderungen nur kollektiv umgesetzt werden können. Stadtplanenden und Architekturschaffenden kommt dabei – gemeinsam mit Forscher*innen, Planer*innen, Bauträger*innen und politischen Entscheidungsträger*innen – besondere Bedeutung zu, denn vor allem sie sind es, die die gebaute Umwelt mit innovativen Ideen für zukünftige Generationen gestalten. Wesentliche Basis dafür sind die Architekturausbildung und die beruflichen Rahmenbedingungen für Architekturschaffende, weshalb auch diese Themen im vorliegenden Buch eingehend besprochen werden.

»Reden wir über Baukultur!« erscheint anlässlich des zwanzigjährigen Bestehens der IG Architektur und beginnt mit einem Rückblick auf die Entstehung und bisherige Geschichte dieser Bewegung, die ohne ihre vielen aktiven Mitglieder und treuen Begleiter*innen nicht möglich gewesen wäre. Das Buch schließt mit einer Vision, einem Wunsch nach kollektivem Engagement für Architektur und Baukultur auch in den kommenden zwanzig Jahren, ab.

Die Textbeiträge dieses Buches sind durch Fotos der aktuell im öffentlichen Raum in Wien und Graz gezeigten Baukulturausstellung »Reden wir über Baukultur!« der IG Architektur ergänzt. Die in der Ausstellung dokumentierten, zum Teil dystopischen Szenarien jüngerer Beispiele gebauter Umwelt führen dabei nicht zuletzt die Dringlichkeit vor Augen, über Baukultur zu sprechen und hier vor allem die Rahmenbedingungen des heutigen Baugeschehens zu hinterfragen.

Baukultur ist eine gesellschaftliche Gemeinschaftsaufgabe, die alle betrifft. Die IG Architektur wird auch in Zukunft nicht nur über Baukultur sprechen, sondern sich auch dafür einsetzen, dass diese ihren Weg von der Theorie in die Praxis findet.

MATTHIAS FINKENTEY

Gemeinsam Architektur- politik gestalten

Zwanzig Jahre IG Architektur – eine Geschichte mit Zukunft

Exkursion der IG Architektur vor
dem Vitra-Campus von Architekt
Tadao Ando. Foto: Fritz Hrusa

VORBEMERKUNG

Der folgende Beitrag soll erzählen, wie die IG Architektur entstanden ist, Einblick in ihre Weiterentwicklung geben und bestenfalls Leser*innen motivieren, sich selbst intensiver mit der IG Architektur zu beschäftigen und sich an ihren Aktivitäten zu beteiligen.

Dieser Rückblick ist keine abschließende Beschreibung der Geschichte der IG Architektur. Er beruht auf subjektiven Beobachtungen und ist lückenhaft. Viele Ereignisse – auch solche von Belang – wurden vernachlässigt oder sind nicht ausreichend dargestellt. Dies ist einer limitierten Textlänge geschuldet und stellt keine Bewertung dar. Susanne Helene Höhndorf, Franz Denk, Bernhard Sommer und Maria Langthaller trugen mit ihren Erinnerungen zur Entstehung dieses Textes bei.

Eine solidarische Bewegung wie die IG Architektur lebt vom gemeinsamen und gern geteilten Engagement vieler Menschen. Nur als Kollektiv kann und möchte sie ihre Ziele erreichen. Dennoch werden in diesem Beitrag immer wieder einzelne Menschen namentlich erwähnt, weil ohne sie die Geschichte nicht verständlich wäre. Ohne sie hätten sich gewisse Dynamiken nicht entwickelt, wären viele Ideen nicht geboren und umgesetzt worden. Die IG Architektur – wie auch andere soziale Bewegungen – ist nichts ohne die Menschen, die vorangehen und die Initiative ergreifen. Sie waren also in einigen Momenten besonders sichtbar, was die Partizipation und Wirkung der anderen, hier nicht erwähnten Teilnehmer*innen der Bewegung jedoch nicht schmälert. Es leben die Vielen!

1

Die Namen der im Januar 2002 zur Wahl
des konstituierenden Vorstandes der IG
Architektur eingeladenen Personen, die
Namen der von 2002 bis 2022 in den Vor-
stand gewählten Vereinsmitglieder und
die Namen der Mitarbeiter*innen der IG
Architektur von 2004 bis 2022 sind auf
Seite 178–179 gelistet.

SOLIDARITÄT SPÜREN UND EINE BEWEGUNG STARTEN

Im Mai 2000 öffnete der Wiener Architekturtheoretiker Jan Tabor Türen und Herzen. Im Zuge der Ausstellung »der fuß in der tür. manifest des wohnens« im Wiener Künstlerhaus trafen sich jüngere Architekturschaffende, viele im Kollektiv arbeitend, die sich mit ihren Büros vor einiger Zeit selbständig gemacht hatten. Sie bauten ihre Beiträge auf, liehen sich Werkzeuge und tauschten sich über ihr Arbeitsleben aus – und sie tauschten ihre E-Mail-Adressen.

Etwas später: Wien 2001. Dieselben Architekturschaffenden bemühten sich allein oder in Teams um Aufträge – keine leichte Aufgabe. Die Auftragslage orientierte sich an bekannten Namen. Private, aber auch öffentliche Auftraggeber*innen nutzten ihre Position als diejenigen, die am längeren Hebel sitzen, für die Forderung nach deutlichen Nachlässen: »*Sie müssen nicht unterschreiben, draußen warten noch viele andere.*« (*Susanne Helene Höhndorf*)

Die *Kammer der ZiviltechnikerInnen Wien, Niederösterreich und Burgenland* erschien vielen damals als Club derjenigen, die verhindern wollten, dass jüngere Kolleg*innen aufgenommen werden und ihr Auslangen finden können. Unterstützt wurde dieser Eindruck von der Tatsache, dass es erhebliche Hürden gab, Mitglied der Kammer zu werden und damit die Berufsbezeichnung Architekt*in führen zu dürfen. Hinzu kamen absurde Abgrenzungen im Bereich der Pensionsversicherung, wenn frau/man einmal Mitglied der Kammer war. Doch dazu später mehr.

Trotz allem: Die jungen Büros wurden wahrgenommen. Der damalige Wiener Planungsstadtrat Rudi Schicker bat daher Architektin Susanne Helene Höhndorf vom Wiener Architektur-büro Rataplan als eine Vertreterin dieser »Jungen«, ihm doch weitere Büros zu nennen, mit denen er Kontakt aufnehmen könne – mit einem überraschenden Ergebnis: Statt schnell eine Liste von befreundeten Architekt*innen abzuliefern, informierte Höhndorf gleich alle, deren E-Mail-Adressen sie seit Mai 2000 hatte, mit der Bitte, auch andere weiter zu informieren. Man solle sich treffen, um die weitere Vorgehensweise zu besprechen.

Die ersten beiden Treffen der IG Architektur fanden im Herbst 2001 unter Beteiligung von sechzig bis achtzig jüngeren Architekturschaffenden im Café Mollard in Wien statt und dauerte so lange, bis sich die Stammgäste über so viel Trubel beschwerten. Das basisdemokratische, sogenannten *Plenum* übersiedelte ins Depot hinter dem Wiener Museumsquartier. Schnell mussten Regeln und eine Moderation für die Zusammen-künfte gefunden werden. Als banal, aber hilfreich erwies sich die Regel, zuerst zu diskutieren und erst danach Bier zu trinken. Zur Vertretung gegenüber den Medien, die neugierig geworden waren, wurden schon 2001 mit Jakob Dunkl und Doris Burtscher ein Sprecher und eine Sprecherin gewählt.[1]

Alle Teilnehmer*innen hatten ähnliche Probleme, es gab Hürden mit Behörden, Auftraggeber*innen und den Kammern. Der Austausch darüber schaffte Vertrauen, Wissen wurde geteilt. Das half und das verband.

Susanne Helene Höhndorf: »Wir hatten niemanden, an den wir uns wenden hätten können. Also haben wir uns untereinander geholfen. Wir saßen alle im selben Boot. Ich bekam das Gefühl, jetzt endlich als Architektin arbeiten zu können.«

Die Haltung! Wie von der Entstehungsgeschichte abzulesen, ging es den Gründer*innen der IG Architektur in erster Linie nicht um ihren persönlichen Vorteil. Sie verstanden sich als Teil eines Kollektivs, das gemeinsam die Rahmenbedingungen ihres beruflichen Schaffens mitgestalten wollte. Im Jahr 2002 wurden diese Grundeinstellungen in einem Manifest in Worte gefasst. Es bildete die Anleitung für die politische Arbeit: Solidarität, Partizipation bei allen Entscheidungen und offener, gleichberechtigter Berufszugang waren die Grundpfeiler. Die schiere Anzahl an Menschen, die daran mitwirken wollten, stellte eine in dieser Phase unverzichtbare »Schwungmasse« für den Anfang dar. Das Kollektiv zeigte seine ganze Kraft. Gemeinsam statt einsam war das Motto.

Ohne Not, die es zu wenden gilt, gibt es kein Veränderungsvorhaben. Die Rahmenbedingungen waren ungünstig für viele dieser Start-ups (ein Begriff, den es damals noch gar nicht gab), in einem Markt zu Aufträgen zu kommen, der von etablierten Playern besetzt und verteidigt wurde. Der Wunsch nach Veränderung erzeugte ausreichend Energie, sich im Rahmen der IG Architektur intensiv zu engagieren.

Mitentscheidend für den erfolgreichen weiteren Verlauf war 2001 eine neue technische Möglichkeit: die offene Mailingliste der IG Architektur. Sie war und ist das Medium für inhaltlichen und organisatorischen Austausch und stellte den entscheidenden Technologiesprung zur Vorläuferorganisation der IG Architektur dar: Das Netzwerk by-pass hatte noch mit Telefon und Fax kommuniziert. Social Media war noch nicht erfunden, aber die offene Mailingliste erfüllte bravourös ihre Funktion. Sie tut das, seit 2021 leicht verändert, bis heute.

Ein großes und gut besuchtes »Going-public« im April 2002 im Semperdepot in Wien wurde zur Standortbestimmung. Es war ein rauschendes Fest mit vielen Sympathisant*innen aus der Kulturszene, und zog weitere Architekturschaffende zur Mitarbeit an. Immer dabei: Das bis heute wirksame Logo der IG Architektur, geschaffen von Christian Panek, das sich in einem internen Wettbewerb durchgesetzt hatte. Wettbewerb ist Haltung.

In den Jahren 2002 bis 2004 diskutierte die IG Architektur immer wieder öffentlich mit Expert*innen die Themen Berufszugang, Verdienstmöglichkeiten, Höhe der Kammerumlagen für Junge, EU-Befugnisse und mögliche Verbesserungen am Ziviltechnikergesetz. Auch ohne Mandat wurde durch den Druck »von außen« einiges erreicht, unter anderem die Zulassung zu Wettbewerben mit ruhender Befugnis. Es gab erhebliches Medienecho, auch in Radio und Fernsehen.

Maria Langthaller: »Die Frage des Berufszugangs ist zu Beginn sehr wichtig gewesen, weil sie viele betraf. Sie war eine der großen Triebfedern der Gründung der IG Architektur. Da ist unglaublich viel Zeit und Energie hineingeflossen. Heute steht das nicht mehr so im Vordergrund, weil wir eben einiges bewirkt haben.«

Regelmäßig nahmen Vertreter*innen der IG Architektur mit einem eigenen Stand an der Messe »Bauen und Energie« in Wien teil und versuchten, die Besucher*innen – manche davon schwer beladen mit Katalogmaterial ausstellender Firmen – über den besonderen Mehrwert der gemeinsamen Planung mit Architekt*innen zu informieren. Im Herbst 2005 gab es eine weitere Demonstration im Wien unter dem Titel »Mehr Wert Architektur«. Sie mündete wieder in ein Fest im Wiener Semperdepot.

Der Wiener Planungsstadtrat Rudi Schicker war im September 2005 nicht schlecht erstaunt, überreichten ihm doch vor der öffentlichen Präsentation der von ihm beauftragten »Wiener Architekturdeklaration« im Architekturzentrum Wien eine Handvoll Aktivist*innen der IG Architektur eine auf orangem Karton gedruckte Stellungnahme der IG Architektur mit dem passenden Titel *Wiener Architektur Reklamation*. Die anschließende Diskussion im Architekturzentrum Wien war intensiv.

Auch gegen umstrittene Bauvorhaben protestierte die IG Architektur, etwa 2005 gegen die Vergabe der Planungsleistungen für den Umbau des Ronacher-Theaters in Wien und Ende 2006 gegen die Pläne des Umbaus des Wiener ORF-Zentrums.

Im Jahr 2007 nahmen 22 Büros von IG Architektur-Mitgliedern als ARGE an einem von der Stadt Wien ausgelobten Wettbewerb zur Planung der Bildungseinrichtung Nordbahnhofgelände (BENG) teil. Nach der Bewerbung machte es allerdings laut und deutlich »Beng« – die ARGE der IG Architektur und weitere, bekannte Wiener Büros nahmen nicht am Wettbewerb teil, weil die Konditionen einfach nicht akzeptabel waren.

Angesichts eines mutigen und letztlich erfolgreich geführten Prozesses des Büros stadtgut gegen die Bundesimmobiliengesellschaft wegen eines Formalfehlers gründete die IG Architektur den aus Spendengeldern gespeisten IG Architektur Solidaritätsfonds, der die Nachteile von Architekturbüros bei Verfahren gegen ökonomisch ungleich potentere Auftraggeber*innen abzufedern hilft.

VERÄNDERUNGEN ERLAUBEN UND
ENTWICKLUNG MÖGLICH MACHEN

Zu Beginn wurde die IG Architektur als basisdemokratisches, engagiertes Kollektiv ausschließlich durch ehrenamtliche Tätigkeit vorangetrieben.

Susanne Helene Höhndorf: »Zum IG Architektur-Plenum sind wir oft müde direkt aus dem Büro gegangen. Nach Hause kamen wir frisch gestärkt mit dem Gefühl, nicht allein gegen Ungerechtigkeiten in unserem Beruf zu kämpfen«.

Nach drei ereignisreichen Jahren, geprägt von zunehmenden und größeren Aufträgen und in einigen Fällen ersten familiären Vergrößerungen, verteilten sich die Aufgaben in der IG Architektur auf immer weniger Schultern. Wichtige Persönlichkeiten aus der Anfangsphase blieben dem monatlichen Plenum fern oder engagierten sich in anderen Organisationen, unter anderem in der von der IG Architektur mitgegründeten Plattform Baukultur.

Es wurde daher beschlossen, eine Leitung für die interne Organisation zu suchen. Diese wurde in Matthias Finkentey gefunden. Die neue Mischung war erfolgreich – mit immer neuen engagierten, ehrenamtlichen Mitgliedern sowie einem bezahlten Management, das über Jahre kontinuierlich für Stabilität im Hintergrund sorgte. Es entwickelte sich in den nächsten Jahren ein lebhaftes Veranstaltungswesen, die Anzahl der Mitglieder verdoppelte sich von 140 auf fast 300, die Finanzierung wurde durch Sponsoring und Zuschüsse der jeweiligen Kultursektion des Bundes langfristig abgesichert.

Wesentlich für diese Weiterentwicklung war gleichzeitig, dass sich immer neue Kolleg*innen für die Mitarbeit in einer Vereinigung interessierten, deren Grundlage gelebte Solidarität war und ist. Aus der IG Architektur wurde daher kein Lobbyverein für die »erste Generation« ihrer Mitglieder, sie blieb und bleibt bis heute offen für Veränderung. Das Engagement der Mitglieder in neuen Arbeitsgruppen oder bei der Vorbereitung von Veranstaltungen war entscheidend für die Vielseitigkeit der thematischen Zugänge und wurde von vielen als persönlich gewinnbringend wahrgenommen. Die Möglichkeit, sein berufliches Umfeld aktiv und eigenverantwortlich gestalten zu können, bot gleichzeitig nach innen eine Lernsituation dafür, wie durch Engagement politische Prozesse erfolgreich umgesetzt werden konnten. Dieses Wissen wurde im Anschluss von vielen erfolgreich in ihre beruflichen Kontexte transferiert.

Franz Denk: »Auch wenn die Basisdemokratie zuweilen zermürbend ist, es ist immer wieder faszinierend und beglückend: Statt ›Jeder-gegen-Jeden‹ versuchen wir gemeinsam und mit gegenseitigem Respekt, die Probleme zu lösen.«

In einem neuen großen Raum in der Gumpendorfer Straße in Wien konnten ab Sommer 2010 neue Themen bearbeitet werden. Der Raum beherbergt bis heute das Büro der IG Architektur und wurde zum Treffpunkt vieler IG Architektur-Veranstaltungen. Die Finanzierung der Renovierung dieses Raumes war vor allem durch teilweise zinslose Darlehen von 29 Privatpersonen (90.000 Euro) und die Unterstützung wichtiger Sponsor*innen ermöglicht worden. Dieser »Raum« (auch Abkürzung für *Raum für Architektur Und Mehr*) stellt andererseits auch ein Unterscheidungsmerkmal zu anderen Kulturorganisationen dar, da er die solidarische Unterstützung von Personen und Organisationen ermöglicht, die den Raum gegen eine gestaffelte Miete nutzen können.

Eröffnung des neuen Raumes
der IG Architektur 2010.
Foto: Berhard Wolf

DIALOG ÜBEN UND GRENZEN ÜBERWINDEN

Eine gut ausgebildete Berufsgruppe wie die Architekturschaffenden, die breit interessiert, politisch engagiert und wortgewandt ist und in ihrem Arbeitsleben mit vielen Detailproblemen zu tun hat, für deren Lösungen es unterschiedliche Möglichkeiten gibt – so eine Berufsgruppe hat die Tendenz, einen einmal eingeschlagenen Diskussionsstrang schnell und nachhaltig zu verlieren und damit am Ende eines langen Meinungsaustausches ohne Ergebnis zu bleiben. Dem Spaß an der Auseinandersetzung steht in diesem Fall zunehmend die Frustration über nicht erzielte, aber notwendige Entscheidungen gegenüber. Seit Mitte der Nullerjahre versuchte der Organisatorische Leiter der IG Architektur daher, zu mehr Effizienz in den Besprechungen, Arbeitsgruppen und Vorstandssitzungen zu kommen. »Alles moderiert« wurde über die Jahre zu einer »Gesprächskultur« innerhalb der IG Architektur, die heute nicht mehr wegzudenken ist. Hier wird der Gedanke des Kollektivs sichtbar: Erst wenn alle Anwesenden gehört wurden, ist die Sache wirklich besprochen.

Maria Langthaller: »Ich bin seit Anbeginn dabei, und es ist für mich eine Freude, Menschen zu treffen, die ihre Energie aufwenden, um etwas für die Allgemeinheit zu bewirken. Es gibt mir Hoffnung, dass dieser Geist des ›Gemeinsamen‹ noch standhält. Ich bin gerne Teil dieser Gruppe, in der ich viel gelernt habe – vor allem eine respektvolle Diskussionskultur.«

Mentoring in der IG Architektur:
alle lernen! Foto: Fabian Gasperl

Mit organisierten Strukturen wie einem fixen Büro- und Veranstaltungsraum, moderierten Meetings und festen Mitarbeiter*innen wurden die Arbeitsfelder der IG Architektur erweitert. Dabei zeigte sich, dass Themen und Prozesse von Mitgliedern der IG Architektur immer wieder auch in ihre neue Tätigkeit in der Wiener *Kammer der ZiviltechnikerInnen* übernommen wurden – auch dazu später mehr.

Ein starkes Zeichen von gelebter Solidarität ist der unentgeltliche, gegenseitige Wissenstransfer. Der Austausch über eigene Erfahrungen – negative wie positive – mit Menschen in einer ähnlichen Situation bietet neben positiven psychologischen Effekten auch handfesten Erkenntnisgewinn – eine angesichts eines immer komplizierter werdenden Arbeitsumfeldes von Architekturschaffenden geradezu überlebensnotwendige Herangehensweise. Seit 2010 wurde dieser Austausch unter verschiedenen Titeln und Formaten fortgesetzt, unter anderem durch ein »Jour Fixe Aktuelle Projekte«, bei dem es um einen Austausch von Kolleg*innen auf Augenhöhe geht, oder das Projekt »Kollaborieren statt Kollabieren«, bei dem die Bildung von konkreten Arbeitsgemeinschaften (in Wien und in Graz) erfolgreich angeregt wurde.

Wissenstransfer wurde in den Jahren 2013 bis 2017 auch in einem »Mentoring-Programm« der IG Architektur (ab 2016 auch in Graz) umgesetzt. Das Programm war so erfolgreich, dass es nach 2014 von der Wiener *Kammer der ZiviltechnikerInnen* übernommen wurde.

Marion Gruber, Ulla Fußenegger: »Wir haben das Mentoring-Programm der IG Architektur initiiert und 4 Jahre lang bei monatlichen Treffen begleitet. Ausgehend von unserer ursprünglichen Intention, dass junge Architekt*innen von erfahrenen Mentor*innen lernen, durften wir die spannende Entwicklung beobachten, dass sich durch die Gespräche auf Augenhöhe ein Lernen in alle Richtungen entwickelte.«

Auch das Thema *Honorare* ist ein Dauerbrenner im Diskurs unter Architekturschaffenden. Die IG Architektur setzte im Jahr 2013 jedoch einen anderen Fokus, der die Tatsache reflektierte, dass einige Gründungsmitglieder der IG Architektur jetzt selber Mitarbeiter*innen beschäftigten und sich überlegen mussten, wie diese nun fair zu bezahlen seien. Daher befassten sich 2013 drei thematisch zusammenhängende Veranstaltungen unter dem

Titel »Fair-Dienen« mit der Honorarsituation der Mitarbeiter*innen in den Büros.

Für die öffentlichen Diskussionen zu wichtigen Themen wie Stadtentwicklung und Wettbewerbe wurde ein neues Veranstaltungsformat entwickelt: »Bitte zu Tisch«. Elf Veranstaltungen wurden zwischen 2008 und 2018 in Wien, Graz und Linz abgehalten. Alle anwesenden Teilnehmer*innen konnten zu Wort kommen und ihre unterschiedliche Expertise einbringen, am Ergebnis mitarbeiten und es daher in der Regel auch mittragen.

IG Architektur redet im Kreis,
aber dreht sich nicht im Kreis.
Foto: Wolfgang Lehner

Katharina Bayer: »Dialog auf Augenhöhe ist das Erfolgsrezept des Formates ›Bitte zu Tisch‹, das wir gemeinsam 2008 konzipiert haben, um den Kreislauf von Position und Opposition in Richtung *Cocreation* neuer Möglichkeiten für drängende Fragen zu durchbrechen. Vermeintlich änderte sich nur das Setting, praktisch bedeutete es einen Kulturwandel hin zu einer Atmosphäre des einander Zuhörens und offenen Austauschs aller Beteiligten.«

Die Auseinandersetzung mit der aktuellen Situation der Architekturproduktion, vor allem in Wien, führte zur Erfindung eines neuen Preises, des »planlos Award« der IG Architektur. Die IG Architektur wurde damit ihrem Ruf gerecht, genau zu beobachten und wenn notwendig auch öffentlich Kritik zu üben. Die Preise wurden durch eine externe Jury vergeben — und teilweise von den derart Ausgezeichneten heftig kritisiert. Die erste Preisverleihung fand übrigens beim zehnjährigen Jubiläumsfest der IG Architektur im Wiener Gartenbaukino vor mehr als 500 Teilnehmer*innen statt.

Bruno Sandbichler: »Viele Entscheidungen in der Planung haben große Auswirkungen auf den öffentlichen Raum. Planer*innen und Architekt*innen haben aufgrund ihrer Fachkompetenzen und ihres projektbezogenen Insiderwissens einen Vorsprung, um Fehlentwicklungen und Missstände aufzuzeigen. Wie jede*r Whistleblower*in riskieren sie dabei persönliche Nachteile. Beim planlos Award garantiert der anonymisierte Prozess der Einreichung und die unabhängige Fachjury Fairness und Relevanz der prämierten Beiträge. Seriöse Kritik — mit einem Augenzwinkern — kann einen notwendigen Diskurs in Gang setzen!«

Die Ausweitung des eigenen Aktionsradius ist, bei entsprechender Aufmerksamkeit, von Erkenntnisgewinn gekennzeichnet – Reisende wissen das. Im Zuge der Bemühungen um eine bundesweite Teilnahme an den Kammerwahlen 2018 wurde der Kontakt zu Architekturschaffenden in anderen Bundesländern gesucht und vor allem in Graz und Linz gefunden. Weitere Städte und Bundesländer waren angesichts der zur Verfügung stehenden Ressourcen noch nicht zu erreichen. Wie jedoch schon weiter oben erwähnt: Erkenntnisgewinn ist nie unidirektional. Der entstandene Austausch half nicht nur den Kolleg*innen in den Bundesländern, ihre lokalen und regionalen Perspektiven durch schon vorhandene Erfahrungen aus Wien anders bewerten zu können, sondern vor allem auch den Architekturschaffenden in Wien, die Grenzen der großen und eben doch limitierten Hauptstadt zu überschreiten – auch und vor allem Grenzen, die ganz natürlich in unseren Köpfen vorhanden sind. Wahrheit steht prinzipiell im Plural.

Franz Denk: »Es ist schön, dass der Funke der IG Architektur jetzt auf die Bundesländer überspringt. Die Kolleg*innen sind so inspirierend, und wir lernen gegenseitig voneinander. Wir wurden so (gast-)freundschaftlich aufgenommen. Ich fahre da einfach gerne hin.«

Besonders die Verbindung mit der aktiven Architekturszene in Graz war und ist intensiv, seit 2016 entsendete sie Mitglieder in den Vorstand der IG Architektur. Ida Pirstinger war folgerichtig 2018 die erste Vorsitzende, die nicht aus Wien stammte.

Ida Pirstinger: »Die IG Architektur hatte den Schritt zu uns in die Provinz gewagt. Wir waren neugierig und erhielten neue Inspiration, Kampfgeist und vor allem eine neue Gesprächskultur. Nicht nur mit den Diskursformaten, sondern auch mit unserer Kollaborationsbereitschaft und dem Engagement in der *Kammer der ZiviltechnikerInnen für Steiermark und Kärnten* haben wir seither über die eigene Organisation hinaus Wirkung gezeigt. Wenn Wolfgang Timmer und ich nach den Vorstandssitzungen spät nachts im Bus von Wien nach Graz fuhren, waren wir müde, aber fühlten uns bereichert. Im Gegenzug haben wir darauf geachtet, nicht zu geizig mit unseren Beiträgen zu sein. Ich denke, wir haben auch etwas von Graz nach Wien gebracht. Jetzt hat Magdalena Lang als stellvertretende Vorsitzende mit frischer Energie diese Rolle übernommen.«

Die COVID-19-Pandemie hat seit 2020 die inhaltliche Auseinandersetzung nicht aufgehalten, sondern sie in die zu diesem Zeitpunkt schon gut bewährte Online-Welt verlagert. In einer Reihe von gestreamten Diskussionen beschäftigte sich die IG Architektur in der Gesprächsreihe »Nachher wird nicht(s) wie vorher sein« einerseits mit Städtebau unter dem Titel »Leben in der dichten Stadt«, andererseits mit den Produktionsbedingungen in der Architektur in »Work-Life-Challenge«. Hier schließt sich der Kreis zum Anfang der IG Architektur, bei dem auch die Arbeits- und Rahmenbedingungen für die Gründung eines Architekturbüros im Vordergrund standen. Der Gesprächsbedarf bleibt bestehen, die IG Architektur schafft Räume für Begegnung und ist am Puls der Zeit.

KAMMERN ÖFFNEN UND
ARCHITEKTURPOLITIK GESTALTEN
Gab es im Jahr 2004 noch eine Demonstration zur Frage des eingeschränkten Zugangs zu den Kammern unter dem Motto »befugt?«, die vor dem Hauptgebäude der *Kammern der ZiviltechnikerInnen* in Wien endete, dessen Eingang zuerst plakativ mit einer Bauabsperrung verschlossen und dann anschließend spektakulär mit einer Kettensäge durchtrennt wurde, änderte sich das Vorgehen in den Jahren danach.
Der Entschluss im Jahr 2006, sich in der Berufsvertretung zu engagieren, war am Anfang leicht und eher ein Spiel. Man wollte es versuchen und tat das gleich mit einem ersten, überraschenden Erfolg. Zwar hatte schon das IG Architektur-Mitglied Günter Katherl von Ende 2004 bis Mitte 2006 in der *Kammer der ZiviltechnikerInnen für Wien, Niederösterreich und Burgenland* mitgearbeitet, aber die – intern nicht unumstrittene – Teilnahme an der Bundeskammerwahl war ein deutliches Zeichen eines neuen Engagements. Die Liste der IG Architektur erreichte mit Christian Aulinger ein deutlich abgesichertes Direktmandat in der Bundeskammer. Es bot ihm die Möglichkeit, die Arbeitsweise der Kammern kennenzulernen, und war die Basis für seine erfolgreiche Kandidatur 2014 als Präsident der *Bundeskammer der ZiviltechnikerInnen* (bis 2018).

Die Mitglieder der IG Architektur, die in den Kammern tätig sind, taten und tun dies immer im Namen und Auftrag der IG Architektur. Das unterscheidet sie von anderen Listen in den Bundes- und Länderkammern, die sich jeweils kurz vor den Wahlen finden und thematisch ausrichten, oft entlang von einzelnen Führungspersonen und deren Bekanntheit und Netzwerken.

Das Motto der Arbeit der IG Architektur bei ihrem Engagement in den verschiedenen Kammern war und ist: Von innen wirken – von außen die Themen vorgeben. Der Fokus blieb gleich: Zugang für die Jungen, ein faires Wettbewerbswesen und die Abschaffung der nicht zukunftsträchtigen Kammer-Pensionsversicherung. 2013 folgte dann ein Meilenstein: Die auch unter dem Namen »Wohlfahrtseinrichtung« bekannte Pensionsversicherung wurde unter starker Mitwirkung der IG Architektur in das staatliche System überführt. Das war eine wesentliche Änderung – auch an den Voraussetzungen für den Beitritt von neuen Mitgliedern.

Going Public der IG Architektur
2002. Foto: nonconform

Barbara Landrock: »Wie absurd das war: Um Mitglied der Kammer sein und damit den Berufstitel ›Architekt*in‹ tragen, Pläne selbst unterzeichnen und stempeln zu können, musste man mehrere Jahre angestellt in einem Architekturbüro gearbeitet haben und das auch nachweisen – angestellt natürlich mit Einzahlung eines Teils des eigenen Lohns in die Kassen der staatlichen ASVG-Versicherung. Nach einer erfolgreichen Aufnahme in die Kammer wurde man Teil eines Versicherungssystems, das die vorher eingezahlten Prämien ins ASVG-System nicht anrechnete. Man konnte sich also entscheiden, entweder diese Prämien – immerhin Basis einer zukünftigen Pension – verfallen zu lassen, oder weiterhin neben der Prämie in der kammereigenen Pensionsversicherung ins ASVG-System einzuzahlen. Angesichts der bekannten Startschwierigkeiten von neuen Büros keine leichte Entscheidung.«

2010 nahm die IG Architektur erstmals mit einer eigenen Liste auch an der Wahl für die *Kammer der ZiviltechnikerInnen für Wien, Niederösterreich und Burgenland* teil. 2014 folgte dann ein entscheidender Schritt: Nach einem gut vorbereiteten, aber dennoch überraschend deutlichen Sieg bei der Kammerwahl konnte die IG Architektur endlich auch in der *Kammer für Wien, Niederösterreich und Burgenland* in allen Gremien mitentscheiden. Insbesondere die enge Zusammenarbeit zwischen den Ingenieurkonsulent*innen und Architekt*innen in Wien hat in diesen Jahren deutliche Spuren hinterlassen – inhaltlich und in der Art und Weise der Zusammenarbeit. Gemeinsames Entscheiden stand bei den Wiener Kammerpräsidenten Peter Bauer (Ingenieurkonsulent) und Bernhard Sommer (Architekt) im Vordergrund. Auch in der Bundeskammer suchte Christian Aulinger als Präsident nach Reformen, die eine engere Zusammenarbeit über Sektionsgrenzen erleichterten. Die Kammern öffneten sich, die Arbeitsatmosphäre wurde kooperativer.

Sichtbar wurde dies auch im *Ziviltechnikergesetz 2019*, durch das es mit sogenannten Anwärter*innen erstmals freiwillige Mitglieder und damit eine Injektion von Zukunft in die *Kammer der ZiviltechnikerInnen für Wien, Niederösterreich und Burgenland* gibt. Schritte zu einem besseren Ausgleich zwischen den Sektionen wurden unternommen; die Kammer begann, unfaire Verfahren juristisch zu bekämpfen, und hatte damit in Einzelfällen Erfolg. Die inhaltliche Abstimmung zwischen der Bundeskammer und der Wiener Kammer begünstigte ein Normengesetz, das zumindest die Möglichkeit eröffnet, das Normen(un)wesen einzudämmen. Auch dass jetzt in der Kammer gendergerecht formuliert wird, ist dem hartnäckigen Einsatz vieler IG Architektur-Mitglieder zu danken.

Die Beispiele dieser Entwicklung in der Wiener Kammer waren genauso ermutigend wie die Berichte über die Zustände in anderen Länderkammern ernüchternd. Das führte in der IG Architektur zur Entscheidung, bei den Kammerwahlen im Jahr 2018 auch in Linz und Graz anzutreten. Dazu wurden eigene IG Architektur-Listen gegründet und im Wahlkampf betreut. Am Wahlabend konnte sich die IG Architektur über teilweise deutliche Erfolge bei allen Wahlen freuen, an denen sie teilgenommen hatte. Dass diese richtungsentscheidenden Wahlergebnisse durch Koalitionen von nachgereihten Listen ausgehebelt wurden, war eine im Anschluss umso schmerzlichere Erfahrung.

Bernhard Sommer: »Wie schnell Transparenz und Partizipation wieder in der Schublade verschwinden können, zeigen die Jahre 2018 bis 2022 in der Wiener Kammer. Deshalb ist es wichtig, dass Vertreter*innen der IG Architektur in der Kammer mitwirken. Die Kammer ist eben kein Fesselballon, den man einmal füllt, und dann steigt er. Es ist eher wie mit einem Heißluftballon: Du musst ständig Energie nachliefern, damit er fährt.«

GESCHICHTEN ERZÄHLEN UND ZUKUNFT GESTALTEN

Die IG Architektur war und ist auch ein politisches Projekt. Sie setzt sich für eine verbesserte Situation der kleinen Bürostrukturen ein, aber sie beobachtet und diskutiert auch Fragen der Architektur und der Architekturpolitik, und damit der Gesellschaft und der Welt, in der wir leben. Die IG Architektur geht mit ihren Erkenntnissen und Veränderungsvorschlägen an die Öffentlichkeit – in den letzten Jahren zunehmend auch in Fragen des Städtebaus, des Wohnbaus und der Regionalentwicklung. Das Thema Klimawandel ist ein neuer, drängender Schwerpunkt.

Die IG Architektur hat eine Geschichte als Interessensvertretung. Sie war und ist in der Lage, ihre Ziele und Vorgehensweisen immer wieder neu zu adaptieren. Sie hat *Tools* entwickelt, wie in ihr und mit ihr diskutiert wird. Sie wurde und wird geprägt von immer neuen, engagierten Mitgliedern. Sie steht auch in Zukunft als offene Plattform zur Verfügung.

Die IG Architektur verfolgt ihre Ziele als unabhängige und solidarische Vereinigung von gleich oder ähnlich Gesinnten. Sie tut dies im Dialog über Grenzen hinweg unter Einbeziehung möglichst vieler Beteiligter. Sie übernimmt durch viele ehrenamtliche Mitglieder zusätzlich Verantwortung in den *Kammern der ZiviltechnikerInnen*, der Standesvertretung der Architekt*innen.

Franz Denk: »Unser Anspruch ist groß, die Erfolge manchmal kleiner als erhofft. Aber es ist so motivierend, Ziele gemeinsam erreichen zu wollen und zu erfahren, wie stark wir als Gruppe sind.«

Wirkmächtig bleibt die zu Beginn gefundene Haltung, solidarisch mit anderen gemeinsam zu agieren, das größere Ganze zu sehen, Grenzen zu überschreiten und Wissen zu teilen. Entwicklungen laufen nicht immer geradlinig, aber mit der Zeit sieht man die Konturen deutlicher. Die IG Architektur kann Geschichten erzählen. Das macht sie fit für die Zukunft – eine Zukunft gestaltet von denen, die gerade dabei sind, und von denen, die kommen werden.

Architektur und Zukunft: Von Maß-stäben der Sorge

Architektur ist immer mit der Gestaltung von Zukunft befasst. Wenn Architekturschaffende entwerfen, treffen sie durch ihre Entwürfe Entscheidungen über jene Zeit, die noch vor uns liegt. Jeder Entwurf schafft, so er tatsächlich umgesetzt wird, eine bauliche Realität, die Teil all jener öko-materiellen und sozio-kulturellen Wirkungsverhältnisse wird, durch die langfristig, für viele Generationen das Zusammenleben mit dem Planeten Erde bestimmt wird. Dieser Text denkt über das Verhältnis zwischen Architektur und Zukunft nach und geht davon aus, dass Architektur nicht nur für einzelne architektonische Objekte durch spezifische Entwürfe Entscheidungen trifft, die mit der Zukunft einzelner Menschen zu tun haben, die in diesen Gebäuden leben oder arbeiten, sondern dass Architektur grundsätzlich darüber mitentscheidet, wie wir den Planeten Erde auch in Zukunft bewohnen werden können.

Dass es ein kulturelles Sensorium dafür gibt, dass Architektur für die Zukunft eine entscheidende Rolle spielt, lässt sich durchaus daran ablesen, dass die Architektur den Entwurf als Mittel dafür einsetzte, die Zukunft zu imaginieren. Solche Architekturutopien und Visionen stellen ein Imaginationsreservoir von Technikeuphorie und Naturbeherrschbarkeit dar. Sowohl die erste industrielle Revolution als auch die zweite industrielle Revolution in der zweiten Hälfte des zwanzigsten Jahrhunderts wurde von Architekturvisionen begleitet, welche unaufhaltsam eine Zukunft ohne Ende imaginierten: höher, schneller, mobiler, rasanter. Fantastisch anmutende Infrastrukturen und unaufhaltbare Expansion, die sich auch auf die Kolonialisierung anderer Planeten erstreckte, prägten solche Entwürfe.

Wir erinnern uns an Unterwasserstädte und an mobile Städte, die durch die Wüste wandern können. Wir denken vielleicht auch an fliegende Städte, die sich durch nichts und niemanden aufhalten lassen. Selbst ferne Planeten waren vor menschengemachter Architektur nicht sicher. Kollektives historisches Zukunftsbewusstsein, wie es in solchen Visionen gespeichert ist, gab sich siegesgewiss. Der Triumph über die Natur schien sicher. Jegliche Abhängigkeit von natürlichen Gegebenheiten war technologischer Beherrschbarkeit gewichen. Solche Visionen sind verdichteter Ausdruck dessen, wie im Verhältnis zwischen Architektur und Zukunft an die Stelle der Natur die Technik trat, welche Fortschritt und Wachstum verkörpert.

Spätestens seit der Jahrtausendwende ist deutlich geworden, dass solche Vorstellungen die Zukunft an den Rand des Ruins getrieben haben, und die Möglichkeit von Zukunft überhaupt gefährdet ist. Im Jahr 2000 haben der atmosphärische Chemiker Paul J. Crutzen und der Biologe Eugene F. Stoermer angeregt, dass die Klimaveränderungen, die auf dem Planeten Erde zu beobachten sind, derart tiefgreifend sind, dass es an der Zeit ist, in der geologischen Zeitskala ein neues Erdzeitalter einzuführen. Sie datieren den Beginn des neuen Erdzeitalters in das letzte

1
Crutzen, Paul J./Stoermer, Eugene F.:
»The ›Anthropocene‹« In: *Global Change Newsletter*, 41, 2000, S. 17–18

Drittel des 18. Jahrhunderts, da sich mit der Erfindung der Dampfmaschine durch James Watt, die auf der Verbrennung fossiler Brennstoffe basiert, das Verhältnis von Mensch und Natur entscheidend zu verändern begann. Der Mensch begann, sich auf die Geschichte der Natur auszuwirken, über ihre Zukunft zu entscheiden. Für diese neue geologische Epoche haben Crutzen und Stoermer daher den Begriff Anthropozän vorgeschlagen, um durch diese Wortwahl – *anthropos* bedeutet auf altgriechisch Mann – zu verdeutlichen, dass der Mensch zu einer planetenverändernden klimatologischen, geophysikalischen Macht geworden ist.[1]

Heute wissen wir, dass wir in einer Zeit leben, in der das sechste Massenaussterben begonnen hat. Für viele Lebewesen ist der Planet Erde durch die Art und Weise, wie die Menschen ihn bewohnen und ihn in gebaute Umwelt verwandelt haben, ein tödlicher Planet geworden.

Millionen von Lebewesen, Wirbeltiere, Vögel und wirbellose Tiere sind entweder bereits verschwunden oder vom Aussterben bedroht. Wir müssen daher für eine kritische Auseinandersetzung mit der Bedeutung von Architektur für die Gestaltung von Zukunft Architektur als Teil des Anthropozän begreifen und erforschen. Architektur ist folglich Teil der menschengemachten planetarischen Katastrophe der Gegenwart, die den Planeten an den Rand des Klimakollapses gebracht hat. Die zukünftige Bewohnbarkeit des Planeten steht auf dem Spiel. Die Zukunft ist prekär.

Angesichts der Unsicherheit von Zukunft, der Unsicherheit, wie und ob es Zukunft geben wird, ist es von Interesse, sich der Imaginationskraft der Architektur zuzuwenden. Es ist wichtig, sich das spezifische Vermögen von Architektur – Zukunft zu entwerfen und diese dadurch überhaupt erst als solche vorstellbar zu machen – ebenso kritisch wie generativ zu verdeutlichen.

Kritisch, weil wir dann viel besser verstehen können, dass Architekturutopien und Architekturvisionen historische Artikulationen einer Bewusstseinslage des Anthropozän sind. Generativ, weil es uns dann möglich ist, Architektur als Mittel zu verstehen, wie Zukunft, angesichts der Zerstörung von Zukunft, überhaupt wieder vorstellbar gemacht werden kann. Genau weil es Architektur auf spezifische Art und Weise möglich ist, durch Entwürfe Zukunft zu antizipieren und vorstellbar zu machen, wird hier davon ausgegangen, dass Architektur heute einen Beitrag dazu leisten kann, die Bedingungen der Möglichkeit von Zukunft zu imaginieren und aus der Vergangenheit zu lernen. Technik kann nicht an die Stelle von Natur treten, um diese zu beherrschen und kann nicht, wie wir nun sehen, tödlich für sie werden, sondern Technik findet mit der Natur zu neuen Formen des Koexistierens und Zusammenwirkens.

Nun stellt sich die Frage, mit welchen Mitteln Architektur heute Wege finden kann, um den Weiterbestand von Zukunft, die

Existenz von Zukunft, in der menschliche und nicht-menschliche Lebewesen anders und friedvoller mit ihrem Planeten Erde zusammenleben werden, vorstellbar zu machen. Es gibt, wie eingangs festgestellt, keine Architektur ohne Zukunft, keine Architektur, die sich nicht darauf auswirkt, wie es um die Zukunft des Planeten Erde bestellt sein wird. Heute bereitet uns die Zukunft die allergrößten Sorgen.

Mehr denn zuvor hat der neue SARS-CoV-2-Virus, der im März 2020 zum Ausbruch der globalen COVID-19-Pandemie geführt hat, verdeutlicht, dass die Systeme, mit denen die Menschen sich auf dem Planeten Erde eingerichtet haben, zugleich äußerst fragil und zerstörerisch sind. Als Vision, die von Architektur für die Ermöglichung und Reparatur von Zukunft heute ausgehen kann, schlage ich vor, über Maßstäbe der Sorge in und durch Architektur nachzudenken. Ohne Sorgetragen fällt die Welt auseinander. Ohne Pflege und Instandhaltung gibt es keinen Fortbestand in der Zukunft. Lebende Wesen, nicht-lebende Materie, Technik, Infrastrukturen, alle bedürfen der Sorge, um weiterexistieren zu können. Während Architektur, und in spezifischer Weise der Architekturentwurf, Zukunft durch den Akt der Imagination herstellt, verlängern Sorgetragen, Pflege und Instandhaltung das, was ist, in die Zukunft – nicht durch einen einmaligen Akt der Vorstellungskraft, sondern durch viele, ununterbrochene und wiederholte Akte der Sorge.

Von der Katastrophe der Gegenwart und der Ruinosität der Zukunft ausgehend denke ich, dass der wichtigste Beitrag für die Vorstellbarkeit von Zukunft, der von Architektur ausgehen kann, jener ist, Maßstäbe der Sorge zu entwerfen, die nicht einen einmaligen Akt der Vorstellungskraft zum Ausgangspunkt des Entwerfens machen, sondern die vielen und wiederholten Akte der Sorge, derer es bedarf, damit menschliche und nicht-menschliche Wesen überleben können. Wir brauchen Maßstäbe, die Sorgeverhältnisse darstellbar machen. Ideengeschichtlich, aber auch alltäglich, bezeichnen Maßstäbe auch geltende soziale Normen oder Standards. Wir brauchen Maßstäbe, die Sorgeverhältnisse anders vorstellbar machen.

Wenn Architektur als Vision für Zukunft in Zeiten von Massensterben sowie ökologischer und pandemischer Trauer neue Maßstäbe der Sorge für andere Verhältnisse in der Zukunft zu entwerfen beginnen würde, dann könnten wir Hoffnung schöpfen, dass sich Architekturvisionen zu Beginn des 21. Jahrhunderts als Sensorium für eine Zukunft erweisen, in der der Planet Erde nicht allmachtssüchtig zerstört, sondern durch behutsame Formen öko-materiellen und sozio-kulturellen Zusammenwirkens wieder aufgebaut wird. Maßstäbe der Sorge, so die radikal-utopische Hoffnung, verbinden Architektur wieder mit der Zukunft, ohne diese zu zerstören.

Kreisläufe in der Architektur- produktion

Nachhaltige Architektur: Möglichkeiten einer Positionierung

Das Nachhaltigste der Menschheit im Sinne einer »eine längere Zeit anhaltenden Wirkung« ist wohl, dass sie die ihr zur Verfügung stehenden Ressourcen fortschreitend im Übermaß verbraucht. Dabei ergeben die Errichtung von Gebäuden sowie die Verdichtung und Erweiterung von Städten, Industriegebieten und ruralen Siedlungsformen das nachhaltige Abbild der Auswirkungen unserer Existenz. Hinzu kommt der stetig wachsende Bedarf an Infrastruktur, der die Landschaft entsprechend verändert. Das Ziel, auf der ganzen Welt einen höheren Grad an Nachhaltigkeit zu erreichen, wirkt ob des schieren Umfangs und der unterschiedlichen sozialen und gesellschaftlichen Ausgangsbedingungen beinahe unmöglich. Wir — die Architekturschaffenden — sollten dennoch damit beginnen, einen konzentrierten

Blick auf das eigene, in diesem Fall das berufliche Spektrum der Einflussnahme zu werfen und uns zu fragen: Wie positionieren wir uns als Architekt*innen zu nachhaltigem Handeln, und was bleibt von dem, was Architektur leistet, respektive was Architekt*innen in Anbetracht dieser mannigfaltigen Herausforderungen beitragen?

1
Statistik Austria (2022): »2020 fertiggestellte Wohnungen, Zeitvergleich, Art der Bauten bzw. der Bautätigkeit«. https://www.statistik.at/web_de/statistiken/menschen_und_gesellschaft/wohnen/wohnungs_und_gebaeudeerrichtung/fertigstellungen/index.html (letzter Zugriff: 23.02.2022)

2
Paulitsch, Konrad Stefan: *Zum leistbaren Wohnbau*. Graz 2017, S. 82–84

KAPITALKREISLÄUFE

Architektur ist im Zuge ihres Umsetzungsprozesses Teil von mehreren Kapitalkreisläufen. Neben den Bauherr*innen sind zahlreiche Unternehmer*innen von der ersten Idee bis hin zur Fertigstellung und dessen weiterem Lebenszyklus vom wirtschaftlichen Erfolg eines Projektes abhängig. So gesehen ist die gebaute (Alltags-)Architektur unausweichlich einer ökonomischen Nachhaltigkeit unterstellt. Das trifft nicht zuletzt auf den mehrgeschoßigen Wohnbau zu, der in Österreich statistisch betrachtet die dominante Bautätigkeit ist. Im Jahr 2005 wurden etwas weniger als 19.000 Wohnungen in Gebäuden mit drei oder mehr Wohnungen fertiggestellt, im Jahr 2020 waren es bereits über 38.000.[1] Die Spekulation mit Baugrund zur Errichtung dieser zahlreichen Wohnbauten ist eine der Ursachen für den massiven Anstieg der Mietpreise. Genossenschaften, Städte und Gemeinden, die gemeinnützig geförderte Wohnbauprojekte umsetzen, stehen in diesem Zusammenhang vor einer spezifischen Herausforderung: Aufgrund des gedeckelten Förderumfangs und der anteilsmäßigen Obergrenzen für Grundstückskosten wird es zunehmend schwieriger, Grundstücke für den geförderten Wohnbau für einkommensschwächere Bevölkerungsgruppen zu erwerben.[2] Wenn diese Entwicklung die Menschen mit geringerem Einkommen aber an schlecht erschlossene Ränder von Städten und Gemeinden verdrängt, wird das Erreichen von sozialen Infrastrukturen erschwert, und der öffentlich genutzte Raum reduziert sich auf Straßen, Gehwege und Parkplätze. In diesem Zusammenhang hat einerseits die zunehmende Versiegelung durch den hohen Flächenverbrauch schwerwiegende ökologische Folgen, andererseits werden Stellplätze für Autos nur monofunktional genutzt, wie im Fall von Supermärkten, deren Kund*innenparkplätze außerhalb der Öffnungszeiten abgesperrt und somit der Öffentlichkeit entzogen sind. Stadt- und Raumplaner*innen sowie Architekt*innen und Verkehrsplaner*innen sind neben Soziolog*innen vor dem Hintergrund dieser Entwicklungen unentbehrliche Partner*innen für die öffentliche Hand, um wirksame Strategien, Konzepte und Planungsrichtlinien einzufordern und mitzukonzeptionieren. Darüber hinaus ist es hinsichtlich sozialer Gerechtigkeit wichtig, die Frage zu stellen, wie die Kapitalressourcen der privatwirtschaftlichen Spekulation entzogen und gemeinnützigen Zielen zugeführt werden können.

3
Lubitz-Prohaska, Beate/Schrattenecker, Inge/Trebut, Franziska/Bralto, Michael (2020): »Bundesministerium für Klimaschutz, Umwelt, Energie, Mobilität, Innovation und Technologie - klimaaktiv Kriterienkatalog – für Wohnbauten Neubau und Sanierung«. https://www.klimaaktiv.at/service/publikationen/bauen-sanieren/kriterienkatalog-wohnbau-2020.html (letzter Zugriff: 23.02.2022)

SOZIALE KREISLÄUFE

Das vorhandene soziale Gefüge eines Ortes mit seinen eingeschriebenen Verflechtungen, sowie das lokale (Fach-) Wissen sind maßgebende Einflussfaktoren und Teil der Ressourcen eines Standortes. Architektur kann in gebauter Form wichtige Rahmenbedingungen schaffen und grundlegende Infrastrukturen anbieten, um gemeinschaftliches Zusammenleben und alltägliche Interaktionen zu ermöglichen. Als Professor an der ETH Zürich hat Dietmar Eberle Forschungsprojekte betreffend des Zusammenhangs von Dichte und Atmosphäre in der mitteleuropäischen Stadt initiiert. Ein Fazit der daraus hervorgegangenen Publikation ist, dass ein gewisses Maß an Dichte bestimmte Qualitäten des Zusammenlebens nach sich zieht.[3] Bei neuen Stadtentwicklungsgebieten, deren Areal basierend auf einem Masterplan Zug um Zug in Form einzelner Baufelder umgesetzt wird, erreicht man dieses notwendige Maß an Dichte (und den dadurch begünstigten funktionalen Mix) je nach Gebietsgröße vielleicht erst nach einigen Jahren. Wir haben im Zuge unserer Arbeit bei gestalterischen Interventionen im öffentlichen und halböffentlichen Raum die Erfahrung gemacht, dass die Faktoren Zeit und Regelmäßigkeit eine maßgebende Rolle spielen. Wenn es darum geht, Bewohner*innen eines Stadtteils durch eine mehrtägige Aktion anzusprechen, erste Kontakte zu knüpfen, bestimmte Themen allgemein zu kommunizieren und vorher geplante Workshops abzuhalten, genügt vielleicht eine kurzfristige Intervention. In Gemeinden mit einem engeren sozialen Gefüge können solche zeitlich stark begrenzten Aktionen einen Schritt weiter führen und Bürger*innen längerfristig für ehrenamtliche Initiativen motivieren, aber um in einem neuen städtischen Wohnquartier mit Bewohner*innen aktiv zu arbeiten, braucht es eine mittelfristige Begleitung und Moderation, damit ein erstes Netzwerk aufgebaut werden kann. So können relevante Themen gefunden, Wünsche für die Adaptierung vorhandener Infrastrukturen (zum Beispiel für leerstehende Gemeinschaftsräume) formuliert, und diese sogar gemeinsam umgesetzt werden. Die Betreuungsverpflichtung in städtebaulichen Verträgen mit Bauträger*innen benötigt den konzeptuellen und budgetären (Zeit-)Rahmen, um diese Prozesse zu forcieren und zu ermöglichen (siehe Kapitalkreisläufe). Während in einem Teil eines Stadtentwicklungsgebietes noch gebaut wird, sollte währenddessen in den bereits bezogenen Quartieren die Zeit genutzt werden, um sozial nachhaltige Verbindungen und Netzwerke aufzubauen und zu fördern. Gemeinsam mit den Bewohner*innen kann die unmittelbare Lebensumgebung entsprechend den Anforderungen der Quartiersgemeinschaft adaptiert werden. Diese Prozesse wirken sich auch begünstigend auf den Zeitpunkt aus, an dem die professionelle Begleitung endet und die Bewohner*innen diese Aufgaben übernehmen. Wir müssen uns also fragen, ob die Planungsarbeit und das Engagement von Architekt*innen bei derartigen Bauaufgaben erst mit dem Wettbewerb beginnen und bereits mit der Fertigstellung des Gebäudes wieder enden soll. Womit könnten Architekt*innen andere Expert*innen in den Phasen davor und danach unterstützen?

4
Eberle, Dietmar/Tröger, Eberhard: *Dichte Atmosphäre*. Basel 2017

5
Studio Magic (2021): »Club 3 Diskussionsrunde: More Heroine or more Villain«. https://studiomagic.org/thoughts.html (letzter Zugriff 23.02.2022)

MATERIALKREISLÄUFE

Im Zuge der materiellen und konstruktiven Umsetzung von Bauprojekten muss eine neue Kultur zur Evaluierung und Rekonfigurierung des Status quo etabliert werden. Es geht darum, Materialeinsatz und damit zusammenhängende Konstruktionsweisen kategorisch zu bewerten. Dies sollte aber auf mehreren Ebenen mit unterschiedlichem Detaillierungsgrad möglich sein und besonders in frühen Planungsphasen einfach, aber vor allem systemübergreifend, angewandt werden. Im Sinne der konstruktiven und materialbezogenen Nachhaltigkeit wirkt der Anspruch auf ebendiese Nachhaltigkeit beim Bauen oft besonders irrational, wenn man nur auf positiv bilanzierte Einzelelemente fokussiert und diese zusammenfügt. Dabei geht der Blick für die Gesamtheit der angewandten Systeme und ihre Zusammenhänge verloren. Welche simplen Kriterien könnten also zusätzlich zu vorhandenen, detaillierten Katalogen, wie zum Beispiel jenem von »klimaaktiv«[3], als *Common-Sense* für die Alltagspraxis in den Architekturbüros formuliert werden?[4] Faktoren wie Art und Herkunft der Rohstoffe, der Aufwand für den Einbau vor Ort, die Lebensdauer sowie die spätere Entsorgung beim Rückbau wären von Interesse, wie auch die Möglichkeit zur Transformation von Gebäuden aufgrund von materialbezogener Resilienz oder aufgrund der Zerlegbarkeit von Gebäudeteilen. Ähnliches gilt für das Reparieren und Adaptieren, nicht nur durch Professionist*innen, sondern auch durch die Nutzer*innen selbst. All diese konkreten qualitativen Ansprüche an ein Projekt können ab einer sehr frühen Phase im Architekturbüro diskutiert und angewandt werden. Sie sind ebenso wichtige Bestandteile der Rahmenbedingungen eines Standortes wie die Bodenverhältnisse, das Standortklima oder die Belichtung.

Die Frage, was am Ende von einem Gebäude, das Architekt*innen geplant haben, bleibt, ist für jeden der beschriebenen Kreisläufe entscheidend. Besonders entscheidend ist diese Frage jedenfalls im Sinne eines nachhaltigen Beitrags von Architektur für die Gesellschaft.

Die Moderne als Ressource

Wenn aus der »Platte« ein Altbau wird

1
»In öffentlichen Debatten über die Zukunft der europäischen Stadt werden große Wohnsiedlungen, [...] bisweilen wie Fremdkörper behandelt, pauschal verurteilt als Bausünden der Moderne, unverträglich mit den Bildern von Metropolen wie Paris, Mailand, Wien oder auch dem alten Berlin. Um demgegenüber die großen Wohnsiedlungen des zwanzigsten Jahrhunderts als integrale Bestandteile der europäischen Stadtkultur begreifen zu können, [wäre zu zeigen], dass die heute oft idealisierte Stadt des 19. Jahrhunderts selbst ein Produkt durchgreifender Modernisierung historisch überkommener Städte war.« Durth, Werner: »Große Wohnsiedlungen als Bestandteil der europäischen Stadt«. In: Kompetenzzentrum Großsiedlungen e.V. (Hg.): *Klimaschutz und Energiewende. Potenzial der großen Wohnsiedlungen.* Berlin 2012, S. 10

Auf die Frage, welch gravierende Spuren das Zeitalter der Moderne in unseren Städten hinterlassen hat, lässt sich eine der bündigsten Erklärungen beim Darmstädter Bauhistoriker Werner Durth finden. Durth sieht im modernen Wohnbau für breite Schichten der Bevölkerung keinesfalls einen »Betriebsunfall« des Städtebaus, sondern vielmehr einen ganz wesentlich prägenden Abschnitt der europäischen Stadtgeschichte, durch den Wohnungsnot überwunden und sozialer Zusammenhalt gestärkt wurde.[1]

Allerdings, so der Realist, sollte man hierbei das Imageproblem der rational am Reißbrett geplanten und – nicht nur, aber vor allem in ehemals staatssozialistischen Ländern – industriemäßig zusammenmontierten Stadtrandsiedlungen nicht unterschätzen. Seit Jahrzehnten gilt der öffentlichen Meinung zufolge ein Dasein »in der Platte« als trist, als böses Schicksal der sozial schlechter Gestellten.

Teilrückbau und Bauteil-Wiedernutzung eines Elfgeschossers in Cottbus-Sachsendorf. Foto: Architekturbüro Zimmermann & Partner, Cottbus

Aber allem Plattenbau-Bashing zum Trotz – so einfach kriegt man das ungeliebte Erbe nicht vom Hals. Zu viele Wohnungen sind in der vermeintlich monotonen, anonymen und seelenlosen Bauweise entstanden, als dass man sich ihrer einfach entledigen könnte. Selbst wenn man diesen Typus von Behausung überhaupt nicht schätzt, verzichten kann man nicht auf ihn. Notgedrungen lauten die am häufigsten gestellten Fragen deshalb auch: Was können Plattenbau-Bestände für eine Stadt bedeuten? Welchen Lebensweisen bieten sie Raum? Für wen sind (und bleiben) sie wichtig? Kann man sie fit für eine – wie auch immer aussehende – Zukunft machen?

Natürlich gibt es an den getypten Wohnbauten mit ihren Standardgrundrissen
jede Menge zu kritisieren. Doch wer sagt
denn, dass sie so, wie sie dastehen,
schon am Ende ihrer Möglichkeiten sind?
»Man sollte ruhig davon ausgehen, dass
auch Plattenbauten irgendwann Altbau-
ten sind, die man entsprechend behandeln darf, ja behandeln sollte.«[2]

2
Zimmermann, Frank: »Industriell oder
individuell?«, Rundtischgespräch der
Redaktion. In: *Metamorphose*, Heft 3,
2008

Diese provokante Ermunterung stammt von Frank Zimmermann, jenem Cottbuser Architekten, dem es als erstem gelang, ein zu DDR-Zeiten errichtetes Wohnhochhaus fachgerecht zu zerlegen und zu sechs »Stadtvillen« neu zu montieren. Aus den Wandelementen eines zum Abriss bestimmten Elfgeschossers wurden zwölf Etagenwohnungen (von sechzig bis 114 Quadratmetern) sowie ein zweigeschossiges Einfamilienhaus zusammengesetzt. Zwei dieser 2002 fertiggestellten Würfelhäuser stehen sogar noch auf ihrem original alten Kellergeschoss, in dem jetzt Abstellräume und Haustechnik Platz finden. Im Vergleich zum kompletten Neubau wurden zwischen fünfzehn und zwanzig Prozent Kosteneinsparung ermittelt. Das Einsparquantum an Grauer Energie war dabei noch gar nicht miterfasst.

Das Experiment eines derart radikalen Haus-Recyclings blieb ein Einzelfall – die dafür erforderlichen Rahmenbedingungen hinsichtlich Standort und Gebäudetyp sind allzu selten gegeben, und die Wiederverwendung kompletter Bauteile bedarf etlicher baurechtlicher Extragenehmigungen. Doch beim fantasievollen Neuzuschnitt überkommener Sozialwohnungen hat das Cottbuser Büro inzwischen reiche Erfahrungen gesammelt. Mit fließenden Raumfluchten und bodentiefen Fenstern lassen die umgebauten Appartements ihren einst üblen Ruf der »Karnickelbuchten« vergessen und tatsächlich von einer »Villa auf der Etage« träumen.

Nun ist Frank Zimmermann längst kein einsamer Vorreiter mehr. In ostdeutschen Großstädten wie Dresden, Chemnitz oder Magdeburg, vor allem aber in den von Abwanderung und Überalterung gravierend betroffenen Klein- und Mittelstädten, hat sein Ansatz Nachahmer*innen gefunden. Dort hatte es in den 1990er Jahren mit nachträglicher Wärmedämmung erst nur für koloristische Fassadenkosmetik gereicht, die oberflächlich »Individualität« und »Vielfalt« vorgaukelte, während sich an Enge und Monotonie der Wohnungstypen kaum etwas änderte. Jetzt geht es den veralteten Häusern massiv an die Substanz. Vom harten Strukturwandel unter Druck gesetzt, ist es oft schiere Verzweiflung, die Wohnungsgesellschaften zu den kreativsten Lösungen führt. Wohnungen aller möglichen Bauserien werden qualitativ aufgerüstet. Inzwischen gehört die Verlegung vormals

»blinder« Küchen und Bäder ans Tageslicht zum Repertoire jeder halbwegs ambitionierten Modernisierungsmaßnahme. Schiebewände, Glastüren und Parkett sollen potenzielle Mieter*innen locken. Ob Maisonetten oder Penthäuser mit Dachterrassen ins Angebot kommen, hängt fortan allenfalls von zahlungskräftiger Nachfrage ab – bautechnisch wurden solche Umwandlungen schnell zur Routine.

Der Augenschein widerlegt also das hartnäckige Vorurteil: Beton muss kein Baustoff für die Ewigkeit sein. Durchlöchern, aufsägen, neu fügen – die vermeintlich so rigiden Plattenkonstruktionen erweisen sich als flexibel und zur Umnutzung ähnlich wie herkömmliche Ziegelbauten geeignet. Entsprechend geht man mit ihnen nun auch um: Ist die erste Nutzungsphase der Gebäude abgelaufen, kommt eine zweite Architekt*innengeneration zum Zuge, um neue Wohnformen zu realisieren, auf gewachsene Qualitätsansprüche zu reagieren oder für bislang fehlende Funktionen Platz in neu sortierten Grundrissen zu finden.

Im Grunde geht es der Moderne gar nicht anders als allen Epochen zuvor! Viel Zeit musste vergehen, bis aus dem Mietskasernenblock, diesem einstigen urbanistischen Schreckbild, das nostalgisch gefeierte Lifestyle-Modell unserer Tage werden konnte. Auch Gründerzeitviertel wurden einst als künstliche Gebilde auf kahle Felder gesetzt, waren also ursprünglich »Planstädte«, die ihrer Enge und sanitären Dürftigkeit wegen lange als Sinnbilder für Menschenverachtung und brutale Profitgier galten. Fast ein Jahrhundert hat es gedauert, bis aus Abscheu Begeisterung wurde. Erst unter der Devise einer »Behutsamen Stadterneuerung«, also seit den frühen 1980er-Jahren, wurden Doppelfenster, Zentralheizung, Innentoilette und Warmwasseranschluss zum allgemeinen Standard auch in bis dahin vernachlässigten Proletariervierteln. Dass dort jetzt viele Minidomizile zu größeren Etagenwohnungen zusammengelegt und Hinterhöfe immer häufiger zu grünen Oasen werden, verweist auf gewandelte Nutzermilieus: Von der Ärmlichkeit ihrer Vorgänger*innen aus der Erbauungszeit leben heutige Altbaubewohner*innen in aller Regel weit entfernt.

Was bei dem allgemeinen Hype um Gründerzeitviertel zumeist übersehen wird: Man kann diese alten Häuser heute überhaupt nur schätzen, weil sie nicht mehr so sind, wie sie einmal waren. Die »Wiederentdeckung« der alten Stadt bedeutete in Wahrheit, ein gänzlich neues Wohnmilieu zu schaffen, welches so vorher überhaupt nie existierte. Wenn aber aus den lange verhassten und bekämpften Mietskasernen nun die beliebteste Wohntypologie unseres heutigen urbanen Daseins werden

Im Umbau befindlicher
elfgeschossiger Baukörper in
Cottbus-Sachsendorf.
Foto: Architekturbüro
Zimmermann & Partner, Cottbus

konnte, und wenn sich aus Beton errichtete Montagebauten genauso freizügig wie die kolossalen Ziegelgebirge der Gründerzeit umgestalten lassen – ist es da abwegig, sich eine urbane Renaissance der industriell errichteten Wohnviertel vorzustellen? Und soll es wirklich wieder hundert Jahre bis zu deren »Wiederentdeckung« dauern?

Die Normalisierung der Planwelten der Moderne – des funktionalistischen Städte- wie auch des industriellen Häuserbaus – ist die nächste uns gestellte Herausforderung, und zwar weltweit. Solange man die meist großzügig ausgelegten Strukturen des Massenwohnbaus bloß als Flächenreserve zur Entlastung historischer Altstadtkerne betrachtet, geht der Blick für die globale Dimension des Problems verloren. Die globale Dimension ist daher die ökologische: Auch die Bausubstanz der Moderne ist Ressource! Das wirft man nicht weg, das baut man um, und dann nimmt man es mit in die Zukunft.

Too old to renovate? Too young to destroy.

Zu seiner Zeit eines der wenigen international rezipierten Gebäude aus Österreich: das Volksheim Kapfenberg von Traude und Wolfgang Windbrechtinger aus dem Jahr 1958. Foto: ORF/Joseph Schimmer aus der Serie Hunderthäuser oe1.ORF.at/ hunderthaeuser

In der Kurzgeschichte *Liking What You See: A Documentary* entwirft der Science-Fiction-Autor Ted Chiang das Bild einer Schule der etwas anderen Art. Mithilfe einer künstlich herbeigeführten reversiblen Agnosie wird in den Hirnen der Schüler*innen exakt jener neuronale Schaltkreis deaktiviert, der dafür zuständig ist, Gesichter in schön oder hässlich einzuteilen. Die Wahrnehmung individueller Differenzen geht dabei praktischerweise nicht verloren. Das tieferliegende gesellschaftliche Problem, dem damit entgegengewirkt werden soll, ist der *Lookismus*. Im Gegensatz zu Sexismus oder Rassismus wird *Lookismus* jedoch kaum thematisiert, sondern durch die technologische Weiterentwicklung manipulativer Werbetechniken zusätzlich verstärkt. Auch wenn eine Behandlung dieser Form der Diskriminierung in absehbarer Zeit nicht in Aussicht stehen dürfte, ist die scheinbar einfache und nachvollziehbare Handlungsempfehlung, die aus Ted Chiangs Doku-Fiktion mitgenommen werden kann: Wer die Oberfläche ignoriert, kann tiefer blicken.

Wenn von verwittertem Waschbeton, Rissen im Putz oder abblätterndem Fensterlack berichtet wird, dann ist die Wahrscheinlichkeit hoch, dass wieder einmal der Abriss eines Bauwerks der Nachkriegsmoderne im Raum steht. In leicht abgewandelter Form folgen Feststellungen über mangelhafte Instandsetzung in der Vergangenheit, exorbitanten Energieverbrauch des Bestands, Wasserschäden, Schadstoffbelastung, Hellhörigkeit oder unsachgemäßen Betrieb. Ein Festhalten am Bestand lohne sich aus diesen oder ähnlichen Gründen nicht mehr, so der scheinbar logische und einzig mögliche Schluss. Die Behebung der vorhandenen Mängel sei schlicht und einfach zu teuer. Die Risiken, auf Unvorhergesehenes zu stoßen, seien zu groß. Abbruchreifegutachten und Abrissbescheid ebnen den weiteren Weg, um Platz zu machen für Neues, obwohl das Alte manchmal keine dreißig Jahre auf dem Buckel hat.

Das *Bellevue* des österreichischen Architekt*innenpaars Traude und Wolfgang Windbrechtinger in der Wiener Himmelstraße ist ein frühes Beispiel dafür. Die schlichte Neuinterpretation einer Heurigenstruktur mit ineinandergreifenden Innenhöfen und weit ausladenden Terrassen über den Grinzinger Weinber-

1

Architekturzentrum Wien (Hg.): *Architektur in Österreich im 20. und 21. Jahrhundert*. Basel 2006. S. 157

2

Zwischen 1945 und 1980 wurden laut Statistik Austria in Österreich 852.230 Gebäude errichtet. Das entsprach bei der letzten veröffentlichten Gebäude- und Wohnungszählung aus dem Jahr 2011 aufgerundet 30 Prozent des gesamten erfassten Baubestands. Statistik Austria (2013): »Volkszählungen, Registerzählung, Abgestimmte Erwerbsstatistik«. http:// www.statistik.at/web_de/statistiken/ menschen_und_gesellschaft/bevoelkerung/volkszaehlungen_registerzaehlungen_abgestimmte_erwerbsstatistik/ index.html (letzter Zugriff: 27.02.2022)

gen landete Anfang der 1960er-Jahre auf der Parzelle des kurz zuvor planierten gleichnamigen Schlosses. Bei Spritzer und belegten Broten konnten die Gäste des *Bellevue* in modernem Ambiente den Blick von der Baustelle des Allgemeinen Krankenhauses über die ersten Ansätze der Donauinsel bis hin zu den Kränen rund um die zukünftige UNO-City schweifen lassen. Nicht ganz neunzehn Jahre nach der Eröffnung hatten die Bagger bereits ihren nächsten Auftritt am schönen Aussichtspunkt. Dieses Mal, um der weißen Sichtbetonstruktur mit den großzügigen Fensterfronten den Garaus zu machen. War das Gebäude zu diesem Zeitpunkt bereits derart desolat, dass eine Sanierung nicht mehr möglich war? Wohl kaum. Einziges Trostpflaster: Die Geschichte fand, nachdem sich der letzte Rest des *Bellevue* sich in Bauschutt verwandelt hatte, ihren vorläufigen Endpunkt als Wiese über Wien.[1]

Lang ist die Liste der Bauten aus den 1950er-, 1960er- und 1970er-Jahren, die in den vergangenen Dekaden eine ähnlich brachiale Behandlung erfuhren. Unter dem Banner der Modernisierung werden Hallenbäder, Wohnsiedlungen, Kindergärten und Schulen, die zur Zeit ihrer Entstehung zum Teil selbst das Versprechen einer neuen Lebensweise in sich trugen, hinweggefegt und durch Neubauten ersetzt. Dahinter stecken nicht selten leicht nachvollziehbare Eigeninteressen Privater auf Kosten der Gemeinschaft.

Geht es auch anders? Wie ein verantwortungsvoller Umgang mit dem vermeintlich in die Jahre Gekommenen aussieht, kann beim Schwimmen und Saunieren im Lienzer Dolomitenbad hautnah miterlebt werden. Statt eines Abbruchs des Bestands bemühte sich die nächste Generation um eine Fortschreibung der Struktur. Neben einer Grundsanierung der Schwimmhalle (die ursprünglich unter dem Verdacht stand, an einer durch aufsteigendes Chlor müde gewordenen Tragstruktur zu leiden) wurde der Saunabereich aufs Dach gehoben und in eine Erholungslandschaft mit Ausblicken in die umliegende Bergwelt verwandelt. Die Erweiterung brachte nicht nur mehr Raum zum Transpirieren: Die Absage an den Abriss hatte ganz nebenbei große Einsparungen aufseiten der Grauen Energie zur Folge. Durch Verständnis und Einfühlungsvermögen auf Nutzungs-, Planungs- und Entscheidungsebene entstehen differenzierte Lösungen, die — wie in Lienz — die weiter oben aufgeführten Mängel produktiv nutzen und voreilig gefasste Schlüsse hartnäckig hinterfragen.

In etwa jedes dritte Gebäude in Österreich wurde zwischen 1945 und 1980 errichtet.[2] Ein großer Teil des heutigen Baubestands geht damit auf eine Phase in der Entwicklungsgeschichte der Zweiten Republik zurück, die allzu oft drastisch verkürzt mit den Begriffen Wiederaufbau und Wirtschaftswunder assoziiert wird. Einige herausragende Werke dieser Periode wurden in den vergangenen Jahren unter Denkmalschutz gestellt, darunter das Hallenbad in Neusiedl am See von Rüdiger Stelzer und Walter Hutter und das Kongresszentrum in Bad Gastein von Gerhard Garstenauer. Sie gesellen sich zur bereits seit längerem geschützten Nachkriegsmoderne wie dem Wiener Stadthallen-

3

Friedrich Achleitner erwähnt in seinem Beitrag zur Situation der Architektur in »Österreich – geistige Provinz?« aus dem Jahr 1965 fünf Bauwerke aus Österreich, die durch Kidder Smith Eingang in den internationalen Diskurs fanden. Neben dem Volksheim Kapfenberg wählte der international bekannte Architekturkritiker das Gänsehäufelbad von Eugen Wörle und Max Fellerer, die Pfarrkirche in Parsch der Arbeitsgruppe 4, die Wiener Stadthalle von Roland Rainer und die Europabrücke aus.
Forum Verlag (Hg.): *Österreich – geistige Provinz.* Wien 1965. S. 146

bad von Roland Rainer, dem Gänsehäufelbad von Max Fellerer und Eugen Wörle oder der Pädagogischen Akademie in Graz-Eggenberg von Günther Domenig und Eilfried Huth. Neben der Unterschutzstellung der bereits bekannten und gut erhaltenen Crème de la Crème wird weiterhin in unregelmäßigen Abständen das eine oder andere Denkmal in einem abgelegenen Seitental aus der Versenkung auftauchen. Selbst bei unveränderten Objekten besteht hier die Gefahr der Täuschung durch die äußere Optik – ausgelöst durch vernachlässigte Mahagonifenster und Betonflächen – wie im Fall des Bezirkszentrums Kagran in Wien, das die Zeiten in weitestgehend authentischem Zustand überdauert hat.

Wie sieht es aber mit nahezu bis zur Unkenntlichkeit überformten Ikonen aus? Dazu eignet sich der Besuch eines weiteren Werks von Traude und Wolfgang Windbrechtinger in Kapfenberg. Das dortige Volksheim aus dem Jahr 1958 gehörte kurz nach der Eröffnung zu den wenigen international rezipierten Bauten aus Österreich.[3] Vorbild für den öffentlichen Innenraum mit Bibliothek, Veranstaltungssaal und Schulungsräumen waren die britischen Arbeiter*innenklubs. Der Entwurf kombiniert eine sachlich zurückhaltende Außenerscheinung mit größtmöglicher innerer Flexibilität. Was ist vom Konzept der niederschwelligen Anlaufstelle für Bildung und Geselligkeit geblieben? Auf den ersten Blick nicht viel. Die feingliedrige Fassade ist umstrukturiert und hinter einer dicken Isolierschicht verschwunden, die Kubatur des Veranstaltungssaals von einem wellenförmigen Blechgesims gekrönt, die konsequent kleingeschriebenen Schriftzüge *volksheim* und *bücherei* abmontiert. Im Lauf der Zeit wurde das Gebäude innen an neue Nutzungen adaptiert, was grundsätzlich für seine Anpassbarkeit spricht. Ob sich das Architekt*innenduo das auch so vorgestellt hat?

Was tun in solchen Fällen? Schicht für Schicht das Wärmedämmverbundsystem abtragen, bis der Sichtbeton wieder zum Vorschein kommt? Zurückkehren zur ursprünglichen Fassadenaufteilung? Den Versuch der Wiederherstellung des baulichen Urzustands unternehmen – wie beim Vorstufenbau der Universität Klagenfurt von Roland Rainer? Auch wenn am Ende alles baulich wieder zurechtgerückt ist, bleibt die Abwesenheit einer Lebensweise, die nicht einfach so wieder eingehaucht werden kann.

Egal, ob es sich um authentisch erhaltene oder hoffnungslos überformte Relikte der jungen Zweiten Republik handelt: Wer imstande ist, die Oberfläche zu ignorieren, hat die Möglichkeit, den dahintersteckenden Ideen auf die Spur zu kommen. Nicht immer, aber manchmal finden sich Ansätze eines gerechteren Miteinanders hinter den Hüllen der Nachkriegsmoderne, die es wert sind, wiederentdeckt und weitergedacht zu werden. Dazu braucht es nicht mehr und nicht weniger als die Bereitschaft, sich damit auseinanderzusetzen.

Verdichten ist Weitererzählen

Über das Bauen als Prozess, der niemals zu Ende ist

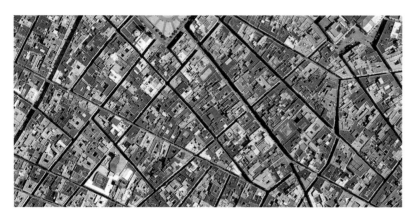

Urbanität, Maßstäblichkeit,
Kontinuität, Effizienz, Klimaresilienz,
Erreichbarkeit und viel Privatheit
kennzeichnen das extrem dichte und
lebenswerte Zentrum von Cadiz
Foto: Luftaufnahme (Ausschnitt)
von Cadiz Quelle: Google Maps

Die rasant anwachsende Weltbevölkerung wird künftig überwiegend in Ballungsräumen mit konzentrierten Arbeitsplatz-, Konsumgüter- und Infrastrukturangeboten leben. Die damit einhergehende Zersiedelung und der exzessive Bodenverbrauch können nur durch Verdichtung bestehender Siedlungsstrukturen eingedämmt werden. Nicht die ungehemmte Stadterweiterung, sondern die Stadterneuerung schont die Umwelt, nutzt die Graue Energie des Gebäudebestandes und kann auf eine vorhandene Bewohner*innenschaft zurückgreifen. Das bringt großen Nutzen, denn es macht Beteiligungsprozesse erfolgversprechender und erhöht die Akzeptanz von Projekten. Unverhältnismäßige Verdichtung, ein zu großer Adressat*innenkreis, Informationsdefizite und Scheinpartizipation hingegen können Unzufriedenheit hervorrufen und zu Kritik und Protest führen. Das zeigt die wachsende Zahl der Bürger*inneninitiativen gegen Bauprojekte in Stadt- und Landgemeinden.

1
Barthes, Roland: *Das semiologische Abenteuer*. Frankfurt 1988, S. 207

2
Schmalscheidt, Hans: *Weiterbauen*. Aachen 2021, Kapitelüberschriften

3
Gnaiger, Roland (07.05.2016): »Das Nichts ist die Essenz«. https://www.diepresse.com/4983437/das-nichts-ist-die-essenz (letzter Zugriff: 21.02.2022)

4
Ebd.

Was heißt Verdichten? Die städtebauliche Dichte gibt die bauliche Ausnützung eines Grundstücks an. Sie liefert jedoch keinerlei Aussagen über räumliche Qualitäten. Dichte ist weder gut noch schlecht. Gleiche Dichtewerte können höchst unterschiedliche Atmosphären erzeugen. Die Superblocks des Roten Wien etwa bilden gänzlich andere Milieus als gleich dichte Siedlungen, beispielsweise der klassischen Moderne. Baudichte, Belags- und Bevölkerungsdichte korrelieren nicht zwangsläufig, ja sie sind manchmal reziprok. Dichte ist also ein komplexer Begriff.

Verdichten kommt vom lateinischen *dicere*, was so viel wie sprechen bedeutet. Unsere Baugeschichte ist eine Geschichte der Städte, der verdichteten Räume, die voll von Erzählungen sind. Historisch gewachsene Orte, Gebäude, Plätze, Straßen und Parks besitzen etwas, das sich nur schwer planen lässt: Sie verfügen über Image und Identität, und sie verbreiten Stimmungen. Städte sind Orte der Sinne, hier schauen wir, begegnen einander, flanieren, konsumieren, bewundern, lernen. Der französische Philosoph Roland Barthes spricht von der *Erotik der Stadt*.[1] Verdichten schreibt die Geschichten des Genius Loci weiter, es verändert vorhandene und ermöglicht neue Sinneserfahrungen. Daher erfordert der Umgang mit unserem städtischen Erbe Behutsamkeit, andernfalls verschwinden jene atmosphärischen Qualitäten, die der deutsche Architekt Hans Schmalscheidt[2] in einer Methodologie des Weiterbauens präzise beschreibt. Verdichten ist neuorganisieren, addieren, ergänzen, überbauen, durchdringen, überlagern, gruppieren, umwandeln und auch wegnehmen.

Der österreichische Architekt Roland Gnaiger stellt Freiraum und Gebautes gleichwertig nebeneinander. »Wir bauen immens viele Häuser, aber kaum neue Räume«.[3] Er deutet den »leeren Raum als ein essenzielles ... Nichts«.[4] Sein städtebauliches Credo vom »Ganzen, das stets mehr ist als die Summe

5
Fiedler, Johannes: »Die gute und die böse Stadt.« In: *Architektur aktuell*. 05/2001, S. 84–91

6
Vicenzotti, Vera: *Der Zwischenstadt-Diskurs*. Bielefeld 2011, S. 250

seiner Einzelteile« ist auch eine Aufforderung zum Weiterbauen. Wieviel weniger wäre Paris ohne Centre Pompidou und vice versa? Gnaigers sensibler Raumtheorie steht die aktuelle Stadtplanung diametral gegenüber. Die vorherrschende Planungsmaxime *Verkehrsplanung vor Wohnbauplanung vor Freiraumplanung* produziert die bereits vielerorts real existierende *böse Stadt*,[5] die der österreichische Architekt und Stadttheoretiker Johannes Fiedler beschreibt: entvölkerte Zentren, tote Erdgeschoße, monofunktionaler Inselurbanismus, ausgefranste Ränder. Zwischen Schlafquartieren, Bürovierteln, Shopping- und Gewerbeparks liegen autistische Freiräume, die sich lediglich aus den Bestimmungen über Abstandsregeln legitimieren. Lange Verkehrswege dominieren, Autos beanspruchen enorme Flächen: unsere Städte, vor allem die suburbanen Zonen, sind austauschbar geworden. Was liegt näher, als auch diesen Gegenden durch Verdichten und Verklammern neue Geschichten hinzuzufügen, anstatt weiter inselartig »anästhetische Wüsten«[6] ohne Gesicht zu bauen?

Woher kommt die Angst vor der Dichte? In der vormodernen Stadt gab es nur wenig präzise Bauvorschriften. Dichte wurde nach Gemeinwohlprinzipien ausverhandelt. Mit der gründerzeitlichen Kapitalisierung von Haus und Boden fand ein Paradigmenwechsel statt, der den Topos Stadt nachhaltig in Misskredit gebracht hat. Funktionalismus und Siedler*innenbewegung kritisierten zu Recht die übervölkerten, unhygienischen Stadtzentren und lösten eine Dichtephobie aus, die sich in den Doktrinen der Moderne manifestierte: Licht, Luft, Sonne in funktionell getrennten Stadtteilen. Die neuen fließenden, weiten Räume führten jedoch zu einem Verlust des menschlichen Maßstabs. Die Straßen wurden dominant, die Städte unwirtlich. Die dem Funktionalismus innewohnende Urangst vor der Dichte beeinflusst auch den aktuellen Planungsdiskurs. Anstelle urbaner Plätze propagieren gegenwärtige Stadtentwürfe Mimikri-artige Landschaftsparks und leere Mitten für die Quartierszentren. Aufgelockerte Baustrukturen sollen Dörflichkeit und Lokalkolorit suggerieren. Unterschiedlichste Bebauungstypologien schaffen ein Nebeneinander von zunehmend individualisierten Wohn- und Lebenswelten ohne gegenseitigen Bezug. Wir bauen jedoch die falschen Räume an den falschen Orten. Darüber hinaus führen Verwertungszwänge zu steigenden Geschoßzahlen und (kinderfeindlichen) Wohnhochhäusern, die sogar den Luftraum kapitalisieren. Welche Menschen erzeugen diese Lebensräume? Hier werden die Grenzen der Verdichtung überschritten, denn diese Stadtlandschaften separieren unsere Gesellschaften. Ihr Zweck beruht auf vorwiegend ökonomisch-technokratischen Interessen, anstatt den Bedürfnissen der Bewohner*innen zu dienen.

Die aktuelle Stadtplanung steht vor dem Dilemma, Anspruch, Sehnsucht und Realität zusammenführen zu müssen. Dabei erweisen sich überbordende

Wohn- und Baurechtsvorschriften als Hemmnis für innovative Lösungen. Verdichten benötigt flexiblere Planungs- und Förderinstrumente, etwa die Abschaffung von Baufluchtlinien oder die Einführung von Mischförderungen. Die Stadterweiterung steckt in einer legistischen, ökonomischen und ökologischen Sackgasse, aus der nur die Verdichtung führt. Mit Ausnahme des öffentlichen Raums, dem Freiraumreservoir der Stadt, ist Stadtverdichtung überall möglich: in funktionalistischen Siedlungen, alten Ortskernen, an Ausfallstraßen.

7
Will, Jochim: *Die Zukunft der Stadtkerne. Vortrag ÖGLA-Symposium.* Wien 2004, S. 18

8
Caminada, Gion A.: *unterwegs zum bauen.* Basel 2018, S. 17–47

9
Eberle, Dietmar/Tröger, Eberhard: *Dichte Atmosphäre.* Basel 2017, S. 35

Verdichten schafft ergänzende Angebote, von Kultur und Freizeit bis zu lokaler Versorgung. »Handel kann…ohne Stadt auskommen, aber Städte nicht ohne Handel«[7], so der deutsche Soziologe Joachim Will. Verdichtung ist nicht nur bei Gebäuden anwendbar. Auch Luft- und Freiräume, Parkplätze oder Straßen können transformiert werden. Das französische Architekt*innenduo Lacaton & Vassal zeigt dazu mit erfrischend-innovativen Entwürfen unkonventionelle Lösungswege im Wohnbau auf, etwa bei der Sanierung und Transformation von Wohnblöcken in der Cité du Grand Parc in Bordeaux oder in den Banlieus von Paris. Verdichten fördert aber auch die Renaissance bestehender Stadtquartiere. Man denke an die poetischen Anlagerungen des Schweizer Architekten Gion A. Caminada im Bergdorf Vrin. Sein österreichischer Kollege Dietmar Eberle interpretiert die Zukunftstauglichkeit des Verdichtens pragmatisch. Er spricht vom »rechten Maß…«, in zentralen Lagen erträgliche Dichten auszuloten und an den Stadträndern die »Verbindung mit den Vorzügen der aufgelockerten Stadt zu suchen.«[8]

Wachstum und Neubau sind an ihre Grenze gelangt. Gesundschrumpfen ist eine vielversprechende Alternative und in Form der Innenverdichtung ein effektives Instrument für eine nachhaltige Stadtentwicklung. Verdichten reduziert den Flächen- und Ressourcenverbrauch. Es trägt zur Dekarbonisierung bei und stimuliert die sozioökonomische Aufwertung bestehender Quartiere. Es erzeugt den sozialen Kitt für die Bewohner*innen und verursacht volkswirtschaftlich geringere Kosten als der Neubau. Das Bekenntnis zum Verdichten erfordert Geduld, Mut und Kreativität. Verdichten ist die Chance, die es zu nutzen gilt. Nehmen wir sie an!

KAROLINE MAYER
KATHARINA RITTER

Boden für Alle

Die Welt mag flach und unendlich erscheinen, aber sie ist und bleibt rund, mit einer begrenzten Oberfläche. Der Boden, den wir für unser Überleben brauchen, ist eine Ressource, die nicht vermehrbar ist. Es ist erstaunlich, wie oft diese Tatsache wiederholt werden kann und trotzdem noch »Aha«-Erlebnisse hervorruft. Die Zersiedelung des Landes wird schon seit Jahrzehnten angeprangert: Mittlerweile könnten alle Österreicher*innen in bereits bestehenden Einfamilienhäusern untergebracht werden[1], und trotzdem wird weiter Bauland gewidmet, werden neue Einkaufszentren auf der grünen Wiese und Chaletdörfer in den Alpen errichtet. Pro Minute werden in Österreich 37,44 m^2 Boden mit einer wasser- und luftdichten Schicht überzogen[2]. Die fortschreitende Versiegelung trägt zur Klimakrise bei und gefährdet die Ernährungssicherheit. Die Hortung von und Spekulation mit Grundstücken verteuert das Wohnen und führt zu einer schleichenden Privatisierung des öffentlichen Raums. Vielerorts entstehen Wohnungen, deren Funktion nicht die eines »Heimes« ist, sondern einer Kapitalanlage, die auch ungenutzt ihren Wert steigert.

Wie die gegenwärtige Pandemie unsere Welt verändern wird, lässt sich noch nicht abschätzen. Es ist von Chance auf Veränderung zu hören, und doch scheint Optimismus nicht angebracht. Vieles deutet in Richtung *business as usual* und auf den Erhalt eines Wirtschaftssystems, das zu jenen Missständen geführt hat, mit denen wir heute konfrontiert sind. Es ist abzusehen, dass die momentane Zwangspause zu keinem »Neustart« führen wird. Die Pandemie bringt allerdings ein Revival des Landlebens mit sich, da viele Nachteile des städtischen Lebens gerade jetzt spürbar und Modelle des *remote*-Arbeitens und -Lernens, die seit

1
Bei einem Schlüssel von 4,16
Personen pro Wohneinheit
(8.837.707 Einwohner*innen auf
2.123.597 Wohneinheiten in Ein- und
Zweifamilienhäusern). Quelle Statistik
Austria, Stand 2018

2
Umweltbundesamt (2019): »Entwicklung
des jährlichen Bodenverbrauchs
in Österreich«. https://www.
umweltbundesamt.at/umweltthemen/
boden/flaecheninanspruchnahme
(letzter Zugriff: 25.09.2020)

Jahrzehnten diskutiert werden, nun möglich werden. Neben der Entlastung der städtischen Infrastrukturen und der Immobilienpreise könnte der ländliche Raum nach Jahrzehnten fehlender Investitionen davon profitieren. Doch Vorsicht und vorausschauende Planung sind nötig, um einerseits weiteren Flächenfraß im ländlichen Raum und andererseits Missbrauch von Wohnraum als reine Kapitalanlage in Städten zu vermeiden.

Enorme Kräfte zerren an unserem Boden. Das momentane Wirtschaftssystem scheint Flächenverbrauch zwingend vorauszusetzen. Die Gemeinden brauchen Betriebe und Einwohner*innen, um Einnahmen zu lukrieren; fast jede*r träumt vom Einfamilien- oder Wochenendhaus und will bequem alles mit dem Auto erreichen; viele wollen ihre Ersparnisse sicher und gewinnbringend in Immobilien anlegen; die Wirtschaft will expandieren; Planer*innen wollen planen; Politiker*innen wollen wiedergewählt werden. Viele profitieren, doch dieser »Profit« geht einher mit Baulandhortung, Zersiedelung, mit steigenden Bodenpreisen und letztlich steigenden Wohnkosten. Dieser »Profit« geht mit dem Verlust an fruchtbaren Böden durch die fortschreitende Versiegelung einher und bedroht unsere Ernährungssicherheit. Er zwingt die Landwirtschaft zu immer intensiveren Anbaumethoden – unterstützt durch chemische Düngung – und übersieht, dass sich durch die Klimaveränderung ganze Landstriche bald nicht mehr als Anbauflächen eignen werden. Dieser »Profit« macht uns abhängig von internationalen Vertriebssystemen, deren Verletzlichkeit gerade seit Beginn der Pandemie sehr offensichtlich wurde. Dieser »Profit« geht mit einer Beschleunigung des Klimawandels einher: Versiegeltem Boden wird die Fähigkeit genommen, Wasser aufzunehmen und als CO_2-Speicher zu fungieren. Dieser »Profit« geht mit dem Verlust an öffentlichen Räumen, an Naturräumen, an konsumfreien Zonen einher und drängt in den Städten eine wachsende Zahl an Menschen auf immer kleinere Flächen. Soziale Konflikte werden geschürt statt entschärft.

Ist eine mangelhafte gesetzliche Ausgestaltung der Raumplanung in Österreich an den Fehlentwicklungen schuld? Auch wenn die rechtliche Lage zwar eindeutig verbesserungswürdig ist, so bietet sie schon seit Jahrzehnten viele Möglichkeiten, andere Wege zu beschreiten. Es gibt Instrumente, die gegen Bodenverbrauch einsetzbar wären – von der aufsichtsbehördlichen Genehmigung über Baulandbefristung und interkommunalen Finanzausgleich bis zur Reglementierung von Zweitwohnsitzen und Einkaufszentren – nur werden sie zu wenig oder nicht stringent genug angewandt. Erschwert wird die Handlungsfähigkeit der Raumplanung durch die starke Verankerung des Privateigentums in der Verfassung. Sie verunmöglicht Eingriffe, die in anderen Ländern gang und gäbe sind – wie beispielsweise die Rückwidmung von überschüssigem Bauland in Grünland oder die Abschöpfung von Widmungsgewinnen Einzelner für die Allgemeinheit. Eindeutig kontraproduktiv ist jedoch das Steuersystem: Finanzausgleich und Kommunalsteuer belohnen den Flächenverbrauch; fehlende bzw. minimale Besteuerung von Grund- und Immobilienbesitz und dem damit verbundenen Wertzuwachs leiten Investitionen in den Boden um – hier wäre es höchste Zeit umzudenken.

3
Macintosh, Kate (24.04.2020): »Housing according to need not greed«. https://www.youtube.com/watch?v=XDCV-83NknM (letzter Zugriff: 11.08.2020)

Das Problem liegt auch bei uns allen, die wir unsere Individualinteressen vor Gemeinwohlinteressen stellen. Es liegt bei den Gemeinderät*innen, den Landesregierungsmitgliedern und Bundespolitiker*innen, die kurzfristig denken, ihre Klientel bedienen und wiedergewählt werden wollen. Es liegt an einem Wirtschaftssystem, das einzig und allein auf Wachstum ausgerichtet ist und die Kosten dafür ungeniert kommenden Generationen aufbürdet. In der Raumplanung setzt sich nur selten Vernunft durch; meistens haben die stärksten ökonomischen Interessen die Oberhand.

Es würde den Rahmen dieses Textes sprengen, Antworten auf die komplexen Problemstellungen im Zusammenhang mit dem Thema Boden zu geben, zumal es hier auch keine Patentlösungen gibt. Was wir jedoch erreichen können, ist Bewusstsein für das Thema zu schaffen und Auseinandersetzung anzuregen. Es geht darum, Veränderung nicht als Verzicht oder Rückschritt zu sehen, sondern als Konzentration auf das Wesentliche, und solidarisches Handeln und weitsichtige Planung als mögliche und gewinnbringende Alternative zu erkennen. Wir alle treffen jeden Tag Entscheidungen, die sich auf unsere Umwelt und Mitmenschen auswirken. Jede*r Einzelne ist dazu aufgefordert, diese Entscheidungen vor dem Hintergrund des Bodenverbrauchs kritisch zu hinterfragen und gegebenenfalls zu verändern. Jede*r Einzelne hat eine Wähler*innenstimme, mit der Politik für künftige Generationen oder Politik für das Bewahren des Status quo unterstützt wird.

Planer*innen geben wir die selbstkritische Frage der schottischen Architektin Kate Macintosh mit auf den Weg: »What has happened to the profession of architects that we have become the tool for the implementation of these processes?«[3]

Und an die Politik und Verwaltung richten wir daher den Appell, Bodenpolitik in ihrer Gesamtheit zu sehen, den durch einige Novellen von Raumordnungsgesetzen eingeschlagenen Weg fortzuführen oder zum Vorbild zu nehmen, und Politik als Arbeit für das Gemeinwesen zu betreiben.

Wie Wasser, Luft und Sonnenlicht ist Boden eine Lebensgrundlage und sollte wie diese als Gemeingut gesehen werden. Behalten wir diese Einsicht bei allen Entscheidungen im Blick, so werden sich Lösungen für viele der drängenden Probleme im Zusammenhang mit der Nutzung von Grund und Boden klarer abzeichnen.

Ein Auszug aus der Publikation: Mayer, Karoline/Ritter, Katharina/Fitz, Angelika/Architekturzentrum Wien (Hg.): "Boden für Alle". Wien 2020. Mit Essays von Sassen, Saskia/Senft, Gerhard/Shiva, Vandana/Temel, Robert/Weber, Gerline.

Wem gehört der öffentliche Raum?

Über POPS, COPS und Hecken in der Stadt

Öffentlicher Raum ist eine wichtige Basis für demokratische Ausverhandlungen: Als Raum der Allgemeinheit ist er ein Raum unterschiedlicher Interessen und Konflikte. Anlässlich der Verdichtung des Stadtraums, die im marktliberalen Kontext mit der Finanzialisierung von städtischen Flächen einhergeht, ist der öffentliche Raum allerdings vermehrt zum Objekt privatwirtschaftlicher Begierde geworden und hat Prozesse profitabler Kommerzialisierung durchlaufen. Wenn wir jedoch anerkennen, dass öffentlicher Raum im Interesse der Allgemeinheit ist, die von Stadtplanung und Städtebau vertreten werden soll, wird die Gestaltung und Sicherung von öffentlichem Raum auch für Architekt*innen, Landschafts- und Stadtplaner*innen zur essenziellen Aufgabe.

Ist der öffentliche Raum wirklich für alle da?
Viertel Zwei, 1020 Wien, Foto: Gabu Heindl

Der Begriff der Öffentlichkeit wird – zumindest im Kontext westeuropäischer Städte – als ein Konzept verstanden, das eng mit dem Staat oder der Stadt, mit Gesellschaft und Demokratie zusammenhängt. Dabei kommen verschiedene Kategorien ins Spiel, wie zum Beispiel Eigentumsverhältnisse, Zugänglichkeit und Kontrolle von urbanen Räumen sowie das Ausmaß, in dem diese eine Pluralität und Veränderung von Nutzungen ermöglichen. In den letzten Jahren jedoch, in denen Stadtraum zunehmend unter Druck des Investitionskapitals gerät, scheint das Eigentum zu der einen, quasi transzendentalen, Kategorie geworden zu sein, die über alle anderen herrscht, wobei Eigentum vorgibt, wieviel an Zugänglichkeit, an Kontrolle oder an Offenheit im Hinblick auf eine Vielfalt sozialer Interaktion möglich wird.

POPS | PRIVATELY OWNED PUBLIC SPACE

Auf der Suche nach Profitmöglichkeiten peilt das globale Überschusskapital (das nach jeder Krise größer wird) urbane Regionen an: Dabei werden ganze Stadtteile von privaten Investor*innen, Unternehmen und Banken in Besitz genommen und »entwickelt«. Obwohl diese Phänomene an Kolonialherrschaft erinnern, hat das räumliche Ergebnis dieses Prozesses, der im angloamerikanischen Raum besonders ausgeprägt ist, dort auch einen durchaus lustigen Namen – oder vielmehr ein Akronym – erhalten: Im urbanistischen Diskurs spricht man hier von POPS, was für »privately owned public space« (öffentlicher Raum in Privatbesitz) steht.

Das POPS-Programm wurde erstmals in den 1960er-Jahren in New York als Instrument zur Flächennutzung eingeführt, um private Bauträger*innen dazu zu ermutigen, öffentlich zugängliche Räume im Austausch gegen zusätzliche Flächenprämien bereitzustellen und zu verwalten.[1]

1
Kayden, Jerold S./New York City Department of Planning & Municipal Art Society: *Privately Owned Public Space: The New York City Experience.* New York 2000

Mit POPS wird – vermehrt auch in europäischen Städten – die Aufgabe der Gestaltung und Verwaltung öffentlichen Raums an Private ausgelagert. Diese Entwicklung ist weniger eine proaktive Agenda der Stadtplanung als ihre Reaktion darauf, dass es für privatwirtschaftliche Konsortien möglich ist, immer größere Stadtteile zu kaufen und zu entwickeln. Im Rahmen der Verwaltung von POPS werden häufig Privatpolizei und (uniformierte) private Sicherheitsdienste eingesetzt, um diese zu schützen und Menschen und Verhaltensweisen durch Beschränkungen nach Parametern auszuschließen, die selbstdefiniert, also nicht von einer Öffentlichkeit oder Gemeinschaft bestimmt, sind. Klingt bekannt? Wer mit offenen Augen durch Wien spaziert, findet sie, die Orte, an denen uns kleine Tafeln darauf aufmerksam machen, dass ein Raum, der wie ein öffentlicher vor uns liegt, eigentlich ein Privatgrundstück ist.

Wenn schon dort, wo quasi-polizeiliche Machtzugriffe und Ausschlüsse im Urbanen die Regel sind, ein poppiger Name steht, dann ist es fast nur konsequent, wenn ich für ein System des Allgemeininteresses und somit freier Nutzungen für alle eine Abkürzung vorschlage: *commonly owned public spaces*, oder kurz COPS, ironischerweise ein umgangssprachliches Wort für Polizist*innen.

Commonly owned – also im Gemeineigentum stehender – öffentlicher Raum ist die Art von städtischem Raum, für die wir uns einsetzen sollten. Dazu sind einige Überlegungen zu den einzelnen Elementen dieses Terminus jedoch essentiell: Erstens stellt sich die Frage nach dem »C«, dem *commonly*:

Um welche Art von Gemeinsamkeit geht es im öffentlichen Raum in Gemeineigentum? Welche Art von Verkörperung garantiert die Qualität eines Raums, der allen gehört und für alle da ist? Soll der Raum formal staatliches Eigentum sein? Städtisches Eigentum? Eigentum einer Gemeinschaft?

Alle diese Optionen unterscheiden sich von Privateigentum an Grund und Boden. Dies führt uns auch gleich zum zweiten Bestandteil des Terminus, dem »O« für *owned*: Wem soll öffentlicher Raum gehören? Allgemeingut wirft Fragen des Eigentums auf. Was unter Gemeineigentum verstanden wird, hängt aber nicht zuletzt von seiner Verortung im Sinne eines geopolitischen Kontexts ab. Für viele Menschen in den ehemals sozialistischen Ländern Osteuropas hat »Gemeineigentum« die negative Konnotation von »Staatseigentum« – es erinnert an teils autoritäre Parteien, die über tägliche Leben und Räume herrschen, sodass eine liberalistische Vorstellung von »Freiheit« den Weg zur Privatisierung ebnete.

Commonly owned wird heute auch vermehrt mit dem Begriff der Allmende sowie mit dem Konzept der Commons assoziiert. In einem bereits stark privatisierten Umfeld wie beispielsweise London steckt im Konzept des Commoning das Versprechen einer neuen Rückgewinnung von kollektiver Raumteilung. In Städten, in denen Institutionen und Mentalitäten des Wohlfahrtsstaats in Bezug auf öffentliche Räume noch halbwegs intakt sind, hat die Bezeichnung »Commoning« aber eher einen Beigeschmack des Nicht-Öffentlichen, denn: Wenn Räume, die allgemein als öffentlich verstanden würden, nun als Commons definiert werden, dann können sie unter die ausschließliche Nutzung einer enger definierten, oft bürgerlichen, lokalen Gemeinschaft fallen. Ein aktuelles Beispiel dafür sind Urban Gardening-Flächen, wenn diese mit Zäunen rund um die städtischen Gartenbereiche ausgestattet sind. Die italienische Theoretikerin Silvia Federici wies hierzu jedoch darauf hin, dass *urban gardens* eigentlich widerständige und etwa in New York in den 1980er und 1990er Jahren besonders für migrantische Communities

2
Federici, Silvia: *Re-enchanting the World: Feminism and the Politics of the Commons.* Oakland 2018, S. 106

3
Arendt, Hannah: *The Origins of Totalitarianism.* London 2017, S. 611

4
Christiaanse, Kees: »Meine Definition von Urban Design und Städtebau«. In: *Bauwelt* 6.2019, S. 24

zentrale selbstbestimmte Orte waren, sie aber in westlichen Kontexten zu wenig in größere Kämpfe um Verteilung und Zugang zu städtischem Raum eingebunden wurden.[2]

In gewisser Weise sind die ausgrenzenden Zäune bürgerlichen Allmenden das Gegenteil dessen, was die Sozialphilosophin Hannah Arendt als die notwendigen »fences of laws« der Gesellschaft bezeichnet.[3] Es sind dies eine Art gesetzliche Grenzen, die den öffentlichen Raum regeln, um seine Öffentlichkeit zu erhalten. Mehr noch, sie schaffen und etablieren den öffentlichen Raum überhaupt erst. Wenn wir uns heute daran gewöhnt haben, solche Gesetze und Formen als freiheitsfeindlich zu betrachten, dann liegt das an der jahrzehntelangen ideologischen Hegemonie der neoliberalen Panik gegenüber Regulierungen, die das fragile Leben der Volkswirtschaften einengen könnten. Um unvorhergesehenes öffentliches Leben zu ermöglichen, würde man progressive Positionen wahrscheinlich eher auf der Seite eines unregierten, unregulierten, öffentlichen Raums vermuten. Die heutige städtische Landschaft der Privatisierung und POPS zeigen jedoch nur allzu oft, dass der öffentliche Raum, sobald er »unbesetzt« und unreguliert ist, von Investitionskapital besetzt und privaten Regelungen und Ausschlüssen unterworfen wird. Ein demokratischer Rahmen für Städte und ihre Räume, der sich an der allgemeinen Zugänglichkeit orientiert, braucht also zwingend eine öffentliche Besetzung des Raums. Dass der öffentliche Raum erst als ein durch öffentliche Definition abgesicherter Raum das Unerwartete ermöglicht, ist ein Paradoxon, aber eines, das zum Kern demokratischer Gesellschaften gehört. Diese Öffentlichkeit ist das »P« in meinem Akronym COPS, das *public*.

Nach der Gemeinnützigkeit (C wie *commonly*), dem Eigentum (O wie *owned*) und der Öffentlichkeit (P wie *public*) verweist das »S« (wie *space*) in meinem COPS-Terminusvorschlag auf die im engeren Sinn räumlichen Aspekte dieses politischen Kontexts: Die Aufgabe, demokratische Infrastrukturen zu planen, verlangt von der Architektur eine gewisse Offenheit für Allianzen mit neuen Bewegungen, Initiativen, NGOs, und vielen mehr. Dazu gehört ein gewisses Maß an bewusster Selbstdistanzierung der Planungsexpert*innen sowie eine kritische Haltung gegenüber den Machteffekten, die der Expertise innewohnen, ohne jedoch die Expert*innenposition gänzlich aufzugeben.

Mit dem Raum sind wir auch beim Kern von Städtebau angelangt. Als eine »Sache von Kontrolle und Laissez-Faire« beschreibt Kees Christiaanse den Städtebau: »›Freiheit in Gebundenheit‹ könnte man das nennen, als Voraussetzung dafür, dass eine große Diversität an Aktivitäten, Typologien und architektonischen Gestaltungskonzepten trotzdem eine städtebauliche Kohärenz ausbilden. Mich hat diese Einsicht dazu geführt, mich sehr für den Einsatz von kreativen Regelwerken zu engagieren.«[4] In Bezug auf die planerische Tätigkeit einer Architektur der Stadt, die für die Vielen, die unbekannten Raumnutzer*innen, Freiraum und eine Reihe von Möglichkeiten bieten soll, plädieren die Stadt- und Regionalplanerin Sophie Wolfrum und der Architekt Alban Janson dafür, Fragen der Funktion und

5
Wolfrum, Sophie/ Janson, Alban: *Architektur der Stadt*, Stuttgart 2016, S. 43

Kubatur zu erweitern. Sie fordern eine Konzeption von räumlicher »Kapazität«, um einen »Spielraum für ein gewisses Spektrum von Handeln und Gebrauch« zu schaffen – ohne sich auf eine bestimmte Funktion festlegen zu müssen. Ein solcher Spielraum würde eben genau nicht durch »neutrale Unentschiedenheit und Flexibilität« gegeben sein, sondern gerade auf Basis von »räumlicher Prägnanz«.[5]

Diese Perspektiven beschreiben in unterschiedlicher Form das von mir hier dargelegte Paradoxon der regulierten Freiheit:

Gestalterische Prägnanz und formale Setzungen bis hin zu kreativen Regelwerken als öffentliche Besetzung ermöglichen es, dass öffentliche Räume offen für Kontingenz, Unvorhergesehenes und somit für freie Nutzung sind, wie sie von der Planung nicht vorhersehbar sein können und auch nicht sein sollen.

Privatwirtschaftliches Engagement ist dabei im kollektiven Stadtgestalten wichtig, allerdings sollte die Profitwirtschaft öffentlichen Raum nicht auf Dauer beanspruchen. Privatnutzung von öffentlichem Raum sollte daher zusätzlich zeitlich begrenzt werden, etwa in Form von kurzzeitig temporären Pachtverträgen, damit nicht Langzeitverträge oder dauerhafte Monopolisierung dem Wunsch nach veränderbarem, immer wieder neu zu öffnendem öffentlichem Raum im Weg stehen.

Für die Erhaltung selbstbestimmter demokratischer Teilhabe am öffentlichen Raum muss dieser zuallererst jedoch gegeben sein: als Möglichkeitsraum mit entsprechender Kapazität, dessen Nutzung, weil er in öffentlichem Eigentum und nicht in Privateigentum steht, verhandelt werden kann – auch wenn dabei durch die Vielfalt der Interessen durchaus miteinander im Widerspruch stehende Ansprüche aufeinandertreffen.

Erst als ein robuster und konfliktoffener Raum ist Raum offen für Öffentlichkeit.

Turbo-Gentrifizierung

Zwischen Autobahn und Müllverbrennungsanlage: Ein Stadterweiterungs-Blues

Wie so oft stehe ich an der Busstation und warte. Ein Bus ist mir vor der Nase davongefahren, der nächste kommt um diese Uhrzeit – nach 18 Uhr – erst in dreißig Minuten. Man könnte glauben, dass ich irgendwo in der äußersten Provinz stehe. Aber nein, ich bin in der Stadt, gleich bei einer U-Bahn-Station.

Vor zwei Jahren war hier rundherum noch alles Brachland. Das konnte zwar ein bisschen unheimlich sein, vor allem wenn man in der Nacht allein wartete, aber ich erinnere mich gerne an den Blumenduft im Frühling und das wogende hohe Gras in heißen Sommernächten zurück. Inzwischen sind die Wohnbauten, die hier entstanden sind, fast alle fertiggestellt.

Die Busstation wurde versetzt. Früher konnten wir unter der U-Bahn-Brücke warten und waren vor Sonne und Regen geschützt. Vor dem Wind waren wir nie geschützt, die Straße verläuft in einer der wichtigsten Frischluftschneisen der Stadt. Heute ist an der Stelle der alten Station eine Anlieferungsbucht für die Gewerbeflächen, die hier entstanden sind. Die Busstation musste weichen. Ein Wartehäuschen gibt es leider nicht, und so sind wir Wind und Wetter ausgesetzt.

Wir kennen einander alle, wir, die wir hier regelmäßig eine halbe Stunde auf den Bus warten. Es gibt wenige Gründe, diese Linie zu benutzen. Sie verbindet die U-Bahn mit einem Gebäude, in dem Deutsch- und AMS-Kurse abgehalten werden, mit einer Handvoll heruntergekommener Gemeindebauten aus den Dreißigerjahren, einem praktischen Arzt, einer Schrebergartensiedlung, dem Grundstück, das die Stadt einer Wagentruppe zur Verfügung gestellt hat und einem abgelegenen Asylwerber*innenquartier. Irgendwo dazwischen wohne ich.

Wir kennen einander, aber nicht auf diese dörflich-intime oder bobo-romantische Art und Weise, sondern wir sind stille Leidgenoss*innen: der Busfahrer, der bei der Station, bei der ich aussteige, schon öfter gewartet hat, bis ich sicher in meine Gasse eingebogen bin; die junge Mutter, die mich angstvoll zur Kenntnis nimmt, weil ich ihr vor Jahren damit gedroht habe, das Jungendamt zu rufen, wenn sie ihr Kind noch einmal schlägt; der seltsame Mann aus dem Gemeindebau, der im Sommer den ganzen Tag mit dem Bus hin und her fährt, um mit den Fahrer*innen zu plaudern; der Obdachlose und sein Hund, die tagsüber in der Innenstadt betteln und irgendwo in dieser Gegend hier draußen im Zelt oder unter der Brücke übernachten; das Pärchen mit den Consdaple-Pullis habe ich glücklicherweise schon lange nicht mehr gesehen, sie waren die einzigen, vor denen ich Angst hatte.

Nun sind die neuen Wohnungen also fast alle fertig – insgesamt 900 freifinanzierte Wohnungen, 500 davon in einem Wohnturm. Mietwohnungen, Eigentumswohnungen und Anleger*innenwohnungen. Die Stadt wächst, die Stadt braucht mehr Wohnraum, entlang der U-Bahn muss verdichtet werden, die verdichtete Stadt ist die umweltfreundlichste Stadt. So liest man das tagtäglich in den Gratiszeitungen, mit denen man sich beim Warten die Zeit vertreibt.

Es ist 19:20 Uhr und ich zähle insgesamt fünf erhellte Fenster in den niedrigeren Gebäuden hinter mir, in denen sich die neuen Mietwohnungen befinden. Es werden sicher noch mehr Leute einziehen, die Wohnungen sind schließlich erst seit zwei Monaten bezugsfertig. Wenn ich das allerdings mit der Besiedelung meines Genossenschaftsprojekts vor zehn Jahren vergleiche – das war ein Fest und innerhalb von 14 Tagen waren alle angekommen. Es mag ja sein, dass es Bedarf an Wohnraum in der Stadt gibt, aber vielleicht nicht an dieser Art von Wohnraum?

1.200 Euro Miete für fünfzig m² Wohnfläche, sagt das Internet. Das ist schon recht teuer für diese Stadt, die sich mit ihrer Leistbarkeit rühmt. Ich mache mir die Mühe und berechne anhand der Webseite des Projekts, dass knapp fünfzig Prozent der Mietwohnungen noch zu haben sind. Den Eigentümer*innen scheint es egal zu sein, der Wert der Immobilie steigt weit schneller als jede andere Anlageform, auch wenn sie leer steht.

Ein kurzer Blick auf die Webseite des Wohnturms gegenüber verrät mir, dass es mit den Eigentumswohnungen dort besser aussieht, obwohl die Quadratmeterpreise bis zu 17.500 Euro reichen. Waren die Entwickler*innen eigentlich jemals hier und haben sich den Ort angesehen? Wissen Sie denn nicht, wie stark man hier bei Südwind den süßlichen Gestank der Müllverbrennungsanlage riecht? Wissen Sie denn nicht, dass hier bisher nur die ganz hoffnungslosen Fälle der Gesellschaft dieser Stadt untergebracht, versteckt sozusagen, wurden?

Welches Interesse die Stadtverwaltung selbst an Projekten dieser Art hat, wird mir wohl für immer ein Rätsel bleiben. Die öffentliche Hand — wir Steuerzahler*innen — finanziert den Ausbau der Infrastruktur, der U-Bahn, und lässt dann andere damit das Geschäft ihres Lebens machen? In vielen Städten gibt es seit langem Abgaben, die die Allgemeinheit an der Wertsteigerung privater Grundstücke durch Leistungen der öffentlichen Hand beteiligt. In vielen anderen Städten ist auch spekulativer Leerstand nicht gewünscht, dort gibt es Abgaben, durch die es weniger profitabel ist, Wohnraum zu horten und nicht zu vermieten. Hier in dieser Stadt, die für ihren Wohnbau berühmt war, ist das angeblich in dieser Form nicht umsetzbar — hier, wo es bisher nicht einmal den politischen Willen gab, eine Studie zum Leerstand erstellen zu lassen. Ja, mittlerweile hat man auch hier reagiert, mit der Einführung einer Widmung für geförderten Wohnbau und städtebaulichen Verträgen für neue Projekte. In bestehende Planungen (und davon gibt es viele) wird selbstverständlich nicht eingegriffen. Mittlerweile hat man sogar das Wort »Leerstandsabgabe« aus Politiker*innenmündern vernommen, ganz vorsichtig und leise jedenfalls. Ein zögerlicher Schritt in die richtige Richtung. Aber ist es dafür nicht längst zu spät?

Die beliebtesten Mietwohnungen scheinen jedenfalls die mit Balkon in Richtung Straße zu sein, mit Blick auf den Fluss. Das wiegt anscheinend auch den Umstand auf, dass sich diese Wohnungen direkt zwischen Autobahnauffahrt und U-Bahn befinden. Ob die Mieter*innen wissen, dass dieser Blick bald durch ein weiteres Hochhaus verstellt sein wird, einem Büroturm, entworfen von einem international renommierten Architekten? Angeblich soll er die Form übereinandergestapelter Goldbarren haben, so wird an der Bushaltestelle jedenfalls gemunkelt.

Von den geschätzten zehn neuen Geschäftslokalen sieht man nur in einem Lebenszeichen. Dort kommt ein Supermarkt hinein, das Schild sieht man schon. Wir freuen uns alle sehr darüber, nicht mehr für einen Liter Milch ins nächste Einkaufszentrum fahren zu müssen. Die Geschäftsräume, für die die Busstation weichen musste, stehen jedenfalls leer. In den Auslagen werden die Räumlichkeiten mit bunten Grafiken angepriesen. Eines der Geschäftslokale wurde sogar unter der U-Bahn-Brücke durchgebaut. Dafür wurden monatelang die Fundamente ausgegraben und befestigt. Sehr spektakulär! Eine gelungene Abwechslung beim Warten. Aber warum eigentlich die Mühe, wenn sich der so gewonnene Raum nicht vermieten lässt, nicht gebraucht wird? Und wem gehört eigentlich der Boden unter der U-Bahn-Brücke?

Ein Stückchen stadteinwärts sind die Gebäude so angeordnet, dass ein Platz entsteht. Ein »Plaza«, sagt die Projektwebseite. Ich muss sagen, dass er meiner Meinung nach Potential hat, zumindest für den Fall, dass sich noch ein paar mehr Menschen und ein Café hier ansiedeln. Die sechs Bäumchen sind mit einer Bewässerungsanlage ausgestattet und haben somit eine gewisse Überlebenschance. Ich kann mir gut vorstellen, in Zukunft hier auf meinen Bus zu warten. Aber wie ist das mit dem Obdachlosen und seinem Hund, dem komischen Typen, der

Selbstgespräche führt, den jungen übermütigen Schulungsteilnehmer*innen, den Flüchtlingsfamilien, die hier oft mit mir warten? Wird man sie auch als Stadtbewohner*innen akzeptieren? Oder wird man sie des Platzes verweisen? Die ersten irritierten Blicke der Neuankömmlinge habe ich schon wahrgenommen.

»Eigentum ist wichtig gegen die Altersarmut!« hören wir oft von unserer Regierung, die damit ein eigenes Haus oder eine eigene Wohnung meint. Bald wohne ich seit zehn Jahren in meiner Genossenschaftswohnung. Das bedeutet, dass ich sie rein theoretisch kaufen könnte. Nachdem sich der Preis aber nach dem Marktwert richtet, der unter anderem auf Basis von im Grundbuch vermerkten Transaktionen berechnet wird, sehe ich da mittlerweile keine Aussichten mehr für mich. Was ein Luxuswohnturm mit Quadratmeterpreisen von bis zu 17.500 Euro mit den Grundstückspreisen in der Umgebung macht, kann ich mir lebhaft vorstellen. Ein paar der Nachbar*innen werden aber trotzdem kaufen. Die einen oder anderen haben das Geld, meist von den Eltern. Andere werden sich finanziell weit aus dem Fenster lehnen, kaufen, ausziehen und die Wohnung unter der Hand teurer vermieten müssen, damit sie sich die Kreditrückzahlungen leisten können. Ehrlich gesagt wäre ich froh, wenn mir diese Entscheidung durch einen horrenden Schätzpreis abgenommen würde. Wie ich meine persönliche Altersarmut angehen soll, weiß ich nicht.

Der Luxuswohnturm selbst ist noch nicht ganz fertig. Hier soll es eine Terrasse geben, die die Straße mit dem Fluss verbindet. Angeblich soll sie öffentlich zugänglich werden. Ich nehme an, das war ein Zugeständnis der Investor*innen an die Stadt. Zahlen sie eigentlich Miete für den öffentlichen Raum, den sie überplatten? Ich kann mir jedenfalls einige andere Infrastrukturmaßnahmen vorstellen, die für die Umgebung wichtiger gewesen wären. Ein Bankomat zum Beispiel, eine Post oder Apotheke, ein Ballkäfig für die Jugendlichen oder ein Bus, der öfter als alle dreißig Minuten fährt und dessen Service nicht in den Schulferien oder zu Silvester eingestellt wird. Wenn das alles nicht geht, dann zumindest ein Buswartehäuschen.

Wollen wir wirklich die autofreie Stadt?

So gut wie jede und jeder möchte das Klima schützen und kaum jemand fordert öffentlich noch mehr Autoverkehr. Zumindest so weit scheint es einen umwelt- und mobilitätspolitischen Konsens in unserer Gesellschaft zu geben. Das ist es dann aber auch schon – und nicht einmal dieser kleinste gemeinsame Nenner hält einer kritischen Überprüfung stand. Klarerweise sind — unabhängig von ihren Lippenbekenntnissen — sowohl die Autoindustrie samt ihren Zulieferern als auch die Erdöl- und Energiebranche sowie nicht zuletzt die Tiefbauindustrie bestrebt, unsere staatstragende, wenngleich ruinöse Wachstumsphilosophie auch im motorisierten Straßenverkehr aufrechtzuerhalten. Die Liste der mehr oder weniger stillschweigenden Befürworter des »Systems Auto« ist freilich noch um einiges länger: beginnend beim Handel mit seinen billigen und bequemen Standorten an Autobahnknoten und Kreisverkehren, über die Immobilienbranche, die ihr einfältiges Modell monofunktionaler Großbauten ebenfalls nur in autogerechten Agglomerationen weiter verwirklichen kann, bis hin zu der mit allen genannten Profiteure verbundenen Finanzwirtschaft. Selbst die Medienbranche hat hier eine alles andere als neutrale Position: Wenn die größte Bankengruppe Österreichs sowohl Miteigentümerin am bedeutendsten (Tief-)Baukonzern des Landes als auch an namhaften Printmedien ist, scheint es höchst unwahrscheinlich,

Werden Autofahrer*innen auf Pkws verzichten, wenn man zusätzliche Schnellstraßen errichtet?
Foto: Reinhard Seiß

dass letztere – noch dazu gegen die Interessen potenter Inserent*innen – Stimmung für autofreie Städte, für möglichst autounabhängige Regionen machen.

Und wir Expert*innen? Wie ernstgemeint ist die Automobilismuskritik von uns Architekt*innen, Raumplaner*innen, Landschaftsplaner*innen und Verkehrsplaner*innen, in deren Kreisen es heute selbstverständlich ist, einer urbanen Stadt der kurzen Wege, die unabhängig vom privaten Pkw ist, das Wort zu reden? Was ist der tatsächliche Beitrag unserer Zünfte zu einer längst überfälligen Verkehrswende? Immerhin treffen wir – ob als freie Planer*innen oder als Beamt*innen – zumindest am Papier die Vorentscheidungen darüber, zu welchem Zweck und über welche Distanzen Wirtschaft und Gesellschaft mit welchen Verkehrsmitteln unterwegs sind. Zunächst einmal sei gesagt: Viele Fachleute verhalten sich nicht anders als die meisten – dafür zu Recht gescholtenen – Politiker*innen. Da ist etwa die blauäugige oder aber verlogene Hoffnung, dass der technische Fortschritt oder der gesellschaftliche Wandel von morgen die Probleme von heute lösen – mit dem angenehmen Effekt, dass wir bis dahin so wie bisher weitermachen können.

Dass die Bürger*innen ihr Verkehrsverhalten von sich aus grundlegend ändern, ohne dass Politik und Planung die dafür verantwortlichen rechtlichen, finanziellen, baulichen und verkehrlichen Strukturen ebenso fundamental ändern, ist indes so wahrscheinlich wie der sinnbildliche Gang des Kamels durch ein Nadelöhr.

Um es konkreter zu formulieren: Wer meint, dass etwa die Bewohner*innen der Schlafstädte im Nordosten Wiens über kurz oder lang auf ihren Pkw verzichten, wenn man ihnen zusätzliche Schnellstraßen errichtet und sie mit Pendlerpauschale, steuervergünstigten Dienstwägen und kostenlosen Firmenparkplätzen weiterhin zur täglichen Autofahrt gen Süden in die Gewerbegebiete im niederösterreichischen Speckgürtel ermuntert, kann ebenso gut darauf hoffen, dass Hans Peter Haselsteiner seine STRABAG bis 2030 zu einem Gartenbaubetrieb umstrukturiert. Ähnlich illusorisch und dennoch – nein, gerade deshalb – von breiter Beliebtheit sind jene Heilsversprechen, wonach die »Nebenwirkungen« des Automobilismus durch dessen technologische Weiterentwicklung zu beseitigen wären. Gefragt sind somit nicht Alternativen zum Auto, gesucht wird das alternative Auto. Auf Platz eins liegt hier im Moment das E-Car. Dass der vermeintlich saubere Strom dafür keineswegs immer nachhaltig und CO_2-neutral gewonnen wird, ist nur eine gern übersehene Schattenseite dieses Hoffnungsschimmers. Rein gar nichts ändert nämlich die vierrädrige Elektromobilität an den stadt- und landschaftszersetzenden Effekten des Autoverkehrs: an der Suburbanisierung und Zersiedlung, am immensen Bodenverbrauch für Straßen und Parkplätze, an der Dominanz der Karossen im öffentlichen Raum zu Lasten anderer Verkehrsteilnehmer*innen – oder auch zu Lasten nicht-verkehrlicher Freiraumnutzungen, insbesondere in den dicht bebauten Zentren. Dieselbe Verwechslung von Problem und Lösung liegt auch dem Hype um autonomes Fahren oder um Telematik im Verkehr zu Grunde, der von lukrativen, steuergeldfinanzierten Forschungs- und Entwicklungsaufträgen für Wissenschafter*innen ebenso wie für Großkonzerne genährt wird. Die Politik kann durch die Subvention sogenannter Zukunftstechnologien suggerieren, dass Verkehrswende und Klimaschutz mitnichten Umkehr oder gar Verzicht bedeuten müssen, sondern, ganz im Gegenteil, sogar zu einem Geschäftsmodell werden können – wohl wissend, dass die Einlösung der damit verbundenen, langfristigen Versprechen nicht mehr während ihrer Amtszeit fällig wird. Journalist*innen wiederum sind leichter für futuristische Computeranimationen als für die immer selben Mahnungen zu begeistern, dass unsere Raubbaugesellschaft mindestens einen Schritt zurück machen müsste. Ein Blick zurück wiederum, um zu sehen, was seit den 1970er Jahren aus all den angekündigten Quantensprüngen im Verkehr geworden ist und wie weit diese das konventionelle Auto ablösen konnten, würde den nicht enden wollenden Mobilitätsvisionen rasch ihren Zauber nehmen.

In der Politik wie unter Fachleuten verbreitet ist auch die eingeschränkte oder separierte Betrachtung von Problemen, die den Umgang damit zugegeben deutlich einfacher macht. So meint man etwa in Wien, der autodominierten Stadtentwicklung wie auch dem Klimawandel eine entscheidende Wendung zu geben, indem man die eine oder andere Einkaufsstraße zu einer Begegnungszone umgestaltet. Gleichzeitig aber errichtet man in den Außenbezirken vierspurige Straßen und stattet weiterhin so gut wie jede Neubauwohnung mit einem Tiefgaragenplatz, dafür aber mit viel zu wenig Radabstellplätzen aus. Einen Widerspruch sehen darin nur wenige. Den Bewohner*innen im Speckgürtel und erst recht jenen im ländlichen Raum gesteht man nach wie vor zu, ohne zwei Autos pro Haushalt kein würdiges Leben fristen zu können. Wenn sie dann auf ihren Wegen nach Wien im Stau stehen – sei es freiwillig, weil die Bahn nicht denselben Komfort wie ihr SUV bietet, sei es unfreiwillig, weil eine verantwortungslose Politik, allen voran in Niederösterreich, die Bahn zu langsam, zu selten und schlussendlich gar nicht mehr fahren lässt – ist irgendwann keine andere Lösung mehr vorstellbar, als halt doch noch eine Autobahn in die Landschaft zu schlagen. Nichts anderes bezweckt der sogenannte Regionenring mit all seinen Verzweigungen tief nach Niederösterreich hinein: Er soll die Ostregion bis in den letzten Winkel autogerecht erschließen. Dass ausgerechnet Wien den Autobahn- und Schnellstraßenring so vehement befürwortet, obwohl dieser die Zahl von heute rund 200.000 Pendler*innen, die täglich per Auto in die Stadt kommen, noch weiter steigern wird, zählt zu den mannigfachen Schizophrenien in Verkehrspolitik und -planung.

Es ist jedenfalls erschütternd, wie viele Expert*innen auch heute noch für dieses verkehrs-, regional- und umweltpolitisch steinzeitliche Großprojekt öffentlich Partei ergreifen – sei es aus ernsthafter Überzeugung, sei es aus geschäftstüchtigem Anbiedern an die Politik. Ebenso befremdend ist es, welch schweren Stand Österreichs – umweltpolitisch recht einsame – Klimaschutz- und Verkehrsministerin Leonore Gewessler seit ihrer Evaluierung und nachfolgenden Zurückstellung dieses und anderer Straßenbauvorhaben im Vorjahr in den Medien hat. Selbst der vermeintlich unabhängige und in den letzten Jahren nachhaltigkeitspolitisch ambitionierte ORF, der sich tief enttäuscht zeigte, als bei der jüngsten UN-Klimakonferenz wieder keine konkreten Maßnahmen zur Eindämmung der CO_2-Emissionen beschlossen wurden, fuhr schwere Geschütze gegen die angebliche Willkür der Ministerin auf. Dabei hatte sie nur das veranlasst, was dem Gesetz nach bei jedem größeren Projekt zu tun wäre: nämlich vorab seine Umweltverträglichkeit zu evaluieren. Aus der sogenannten Umweltverträglichkeitsprüfung ist in weiten Teilen Österreichs jedoch eine planerische Schmierenkomödie geworden, in der willfährige Raumplaner*innen, Landschaftsplaner*innen oder Verkehrsplaner*innen gemeinsam mit dienstbeflissenen Fachbeamt*innen auf politisches Geheiß hin (hier hätte der Vorwurf der Willkür seine Berechtigung) oft unverantwortliche Bauvorhaben mit haarsträubenden Gutachten systematisch durchwinken.

Die Architekt*innen schließlich demonstrieren ihre Glaubwürdigkeit hinsichtlich Verkehrswende und Klimaschutz naturgemäß in kleinerem Maßstab – wobei dieser einem augenfälligen Wandel unterlegen ist,

denn je mehr das Auto die Stadtstruktur verändert, also vor allem entflochten hat, umso mehr haben sich auch die bauliche Maßstäblichkeit und damit die Architektur verändert. Man könnte auch sagen: umso mehr sind die Autofahrer*innen mit ihrer Reichweite und Geschwindigkeit zur Richtschnur für die Planung geworden.

Es gibt schon länger keinen ersichtlichen Grund mehr, sich auf Baukörpergrößen wie in vorautomobiler Zeit zu beschränken, als die Gebäudebreiten kaum mehr als zwanzig Meter und die Baublockbreiten – wie etwa im gründerzeitlichen Wien – im Schnitt 65 Meter betrugen: Distanzen, die man als Fußgänger*in gut und gern bewältigt, vor allem wenn die Erdgeschoßzonen funktional wie gestalterisch Vielfalt und Abwechslung bieten. Der Dimensionssprung, der sich binnen kurzer Zeit vollzogen hat, lässt sich in etwa wie folgt bemessen: Einzelne Gebäude der autogerechten Stadt sind heute so breit wie ganze Baublöcke der fußgänger*innengerechten Stadt. Und die einstige Vielfalt der Bebauung ist einer unüberbietbaren Einfalt gewichen – auch in architektonischer Hinsicht. Sind die Erdgeschoße in einem an Passanten orientierten Quartier zum Straßenraum hin offen, einladend und um Attraktivität bemüht, so sind die Sockelzonen in einem von Kraftfahrzeugen bestimmten Viertel verschlossen, abweisend und von den minderwertigsten Funktionen bestimmt: Garageneinfahrten und -entlüftungen, Müllräume, Haustechnik. Nichtsdestotrotz wollen Politiker*innen und Planer*innen neuerdings den Fußverkehr wieder stärken …

Ein trauriger Höhepunkt dieser Architekturströmung ist das T-Center in Wien St. Marx, jene »Ikone der heimischen Architektur«, jenes »Wahrzeichen im Wiener Stadtbild«, das Architekt Günther Domenig 2002, im Gründungsjahr der IG Architektur, für die Deutsche Telekom entworfen hat. Sein »liegendes Hochhaus«, ein 255 Meter langes und bis zu sechzig Meter hohes, monofunktionales und eigentlich recht triviales Bürogebäude, konnte sich vor Auszeichnungen wie dem Otto Wagner Städtebaupreis oder dem Österreichischen Staatspreis für Architektur ebenso wenig wie vor Begeisterungsstürmen des Architekturfeuilletons erwehren. Wobei die Juror*innen und Autor*innen den Bau nur von der Südosttangente oder – im Fall einer näheren Betrachtung – vom Rennweg aus im Vorbeifahren begutachtet haben dürfte, denn wer die mehr als einen Viertelkilometer lange Front (von Fassade zu sprechen, wäre eine Verharmlosung, ja Verfälschung) dieses »gigantischen Flaggschiffs« insbesondere an der Nordseite zumindest einmal entlang gegangen ist, wird dies als Höchststrafe für jeden stadträumlich auch nur halbwegs empfindsamen Menschen sehen. Es ist mehr als nachvollziehbar, wenn jemand angesichts solcher Bauten ins Auto steigt, um dieser Ödnis möglichst schnell zu entkommen.

Gestalterische Finesse allein kann die Erosion an Stadtbaukultur nicht mildern, wie etwa die Vorgartenstraße in Wiens neuem Nordbahnhofviertel zeigt: Hier reiht sich eine baukünstlerische Verhaltensauffälligkeit an die nächste, der Straßenraum ist aber dennoch wie ausgestorben. Kein Wunder, zumal es sich um eine Abfolge fast ausschließlich dem Wohnen dienender, über ihre Tiefgaragen erschlossener Bauten handelt, deren Architekt*innen sich zudem bemüht haben, jegliche Verbindung zwischen Haus und Straße, jedwede Interaktion zwischen Privatem und Öffentlichem, mit viel Kreativität auch baulich zu unterbinden. Besonders tragisch erscheint es, dass diese Ansammlung autogerechter Architektur nicht etwa auf der grünen Wiese entstand, sondern in eine ringsherum urbane Bebauung aus der Gründerzeit eingebettet ist – deren zeitlose Qualitäten ohne Mühe aufgegriffen und zeitgemäß fortgeführt werden hätten können.

Aber vielleicht sind Architekturvorstellungen aus der vorautomobilen Stadt zwangsläufig überholt? Manches deutet zumindest darauf hin, dass wirklich bedeutende Bauten, allen voran Wiens neue *Landmarks* – um kurz das gemeinsame Wording von Immobilienmarketing und Planungspolitik zu verwenden – für ihre adäquate Wahrnehmung heutzutage die Perspektive von Autofahrer*innen geradezu erfordern. Fußgänger*innen vermögen, unmittelbar vor dem DC-Tower von Dominique Perrault stehend, die Großartigkeit oder zumindest Größe des 210 Meter hohen Monolithen wie auch der anderen, ihn umgebenden Hochhäuser nicht einmal zu erahnen. Ganz anders Autofahrer*innen, die mit fünfzig km/h über die Reichsbrücke

Je mehr das Auto die Stadtstruktur verändert, umso mehr verändern sich auch die bauliche Maßstäblichkeit und damit die Architektur. Das T-Center in Wien St. Marx, von Architekt Günther Domenig. Foto: Reinhard Seiß

fahren und in ihrer perspektivischen Bewegung die sich beinah sekündlich wandelnde Erscheinung des (wenn auch planlosen) Ensembles der Donau City auf sich wirken lassen können. Ähnliche Faszination übt auch die Wienerberg City aus, der sogar kritische Zeitgenoss*innen attestieren, dass es schon eindrucksvoll sei, etwa nachts auf der Triesterstraße auf die hell erleuchteten Wolkenkratzer zuzufahren. Es ist erstaunlich, mit welch simplen Mitteln Architektur zumindest aus der Distanz Wirkung erzielen kann: selbst bei baukulturaffinen Menschen, die – so sie inmitten der Wienerberg City stünden – sowohl tagsüber als auch nachts von nicht weniger als einer städtebaulichen Tragödie sprechen würden.

Andererseits: Wenn man Friedrich Kurrent Glauben schenken mag, dann ist der Hang zum Äußerlichen, zum Oberflächlichen, zum billigen Effekt – den er als »Die Wiener Krankheit« diagnostiziert – der hiesigen Architektur geradezu genetisch eingeschrieben. Freilich sind die genannten Symptome jeglichem seriösen Bemühen um eine zukunftstaugliche Stadt denkbar abträglich. So werden hierorts gern nötige Innovationen ohne viel Aufhebens durch Behauptungen ersetzt. Beispielsweise reklamiert heute jedes auch noch so banale Gebäude für sich, »urban« und »nachhaltig« zu sein, und jedes Neubauquartier versteht sich selbstredend als Baustein einer – nirgends genauer definierten – »Smart City«. Da ist es nur der logische nächste Schritt, dass sich Wien nicht mehr bloß als Umwelt-Musterstadt, sondern mittlerweile auch als Klimaschutz-Musterstadt bezeichnet, und gleichzeitig alles unternimmt, um das Auto als integralen Bestandteil seiner Stadtentwicklung für die nächsten Jahrzehnte einzuzementieren. Wie meinte Wiens Bürgermeister Michael Ludwig gegenüber Ministerin Gewessler anlässlich des Streits um die von ihr gestoppte vierspurige Ostumfahrung, die sogenannte Lobau-Autobahn? Ihm brauche niemand erklären, was Klimaschutz sei! Aber wer weiß? Vielleicht gelingt dies ja doch noch – und zwar den Expert*innen, denen seit der Pandemie von vielen Politiker*innen mehr Vertrauen als davor entgegengebracht wird. Allerdings sollten wir Planungsfachleute dabei weniger auf salbungsvolle Worte, als auf die Überzeugungskraft unseres Tuns setzen und das muss – nicht nur in der Metropolregion Wien, sondern in zwei, drei Dutzend Stadtregionen Österreichs – ab heute ohne Wenn und Aber im Dienst einer autounabhängigen Stadtentwicklung stehen: im Dienst eines grundlegenden Stadtumbaus von jahrzehntelang autogerecht errichteten und gestalteten Quartieren; im Dienst einer Architektur, die jedes Gebäude wieder an Fußgänger*innen oder Radfahrer*innen, an Bus- oder Straßenbahnfahrgästen, also an den Menschen orientiert.

Mobilität neu denken und gestalten

1
Eckart, Peter/Vöckler, Kai (Hg.):
*Mobility Design. Die Zukunft der Mobilität
erforschen.* Band 1: Praxis (Offenbacher
Schriftenreihe zur Mobilitätsgestaltung).
Berlin 2022. Band 2: Forschung erscheint
im November 2022

Klimawandel und Ressourcenverknappung, aber auch der stetig steigende Verkehrsaufwand mit seinen Belastungen von Mensch und Umwelt (Stress, Luftschadstoffe, Lärm, Flächeninanspruchnahme, Verschmutzung) machen es unabdingbar, neue Lösungen für eine umweltschonende und menschenfreundliche Mobilität zu entwickeln. Die Technologien und Konzepte sind bereits vorhanden — was fehlt, ist eine Gestaltung, die den Menschen den Zugang und ein positives Erlebnis dieser neuen und vernetzten Mobilität ermöglicht: Mobilitätsdesign.[1]

MEHR MOBILITÄT – WENIGER VERKEHR

Die Rückgewinnung von Lebensqualität ebenso wie die Reduktion von Umweltbelastungen bedingen einen Umbau des vorherrschenden automobilen Verkehrsmodells. Autozentrierte Mobilität ist keine quasi-natürliche Gegebenheit und politisch wie gesellschaftlich gestaltbar. Was aber wäre die Alternative? Mit weiter zunehmenden digitalen Informationssystemen werden neue intelligente und nachhaltige Mobilitätsformen möglich. Wir werden zukünftig problemlos unterschiedliche Verkehrsträger entsprechend unseren Bedürfnissen nutzen und konfigurieren können (vernetzte und multimodale Mobilität), ohne dabei auf unser eigenes Auto angewiesen zu sein. Die technischen Voraussetzungen sind bereits vorhanden: mobiles Internet über Smartphones und Tablets, die zukünftig um weitere digitalbasierte Kommunikationsformen erweitert werden (Stichwort: Smart Devices). Der flüssige und sichere Übergang von einer Mobilitätsform zur anderen, die Nutzung unterschiedlicher Verkehrsmittel auf einem Weg kann künftig unmittelbar und flexibel erfolgen (intermodale Mobilität). Dadurch vereinfacht sich die Nutzung sowohl öffentlicher als auch gemeinsam geteilter Verkehrsmittel (Sharing-Angebote).

Eine klimaschonende Mobilität bedeutet, sich nicht weniger, sondern anders und intelligenter fortzubewegen.

Dazu braucht es weniger fliegende Taxis und vollautonome Pkw, sondern einen von der öffentlichen Hand regulierten Markt, dessen Rückgrat neben dem schienengebundenen Fern-, Regional- und Nahverkehr das öffentliche Nahverkehrssystem bildet, das durch On-Demand-Angebote autonomer/teilautonomer Fahrzeuge (Kleinbusse) und Sharing-Angebote, angetrieben mit nicht fossiler Energie, ergänzt wird. Eine klimaschonende Mobilität fördert dabei vor allem das Zufußgehen und insbesondere die Nutzung des Fahrrads in der nahräumlichen Fortbewegung. All dies zusammengenommen ergäbe ein intermodal nutzbares Mobilitätssystem, das sich durch seine Flexibilität und Anpassungsfähigkeit an die Bedürfnisse der Nutzenden auszeichnet— auch ohne eigenen Pkw: Ein Mobilitätssystem, das sich gleichermaßen für urbane Regionen wie für ländliche Räume eignet, da es insbesondere die Probleme der letzten Meile zu lösen verspricht. Im ländlichen Raum sind Pkw notwendiger als in der Stadt. Durch die Digitalisierung können Autofahrten besser ausgelastet werden — indem man andere mitnimmt. Pkw werden zukünftig besser vernetzt sein. Andere Verkehrsmittel wie die Bahn werden dann durch Umsteige- und Knotenpunkte für die längeren Wegstrecken noch stärker ihre Bündelungswirkung entfalten können. Hinzu kommen zukünftig Shuttle-Systeme, zunehmend auch mit autonom verkehrenden Fahrzeugen (»Bürger*innenbusse«). Nicht zuletzt wird auch die elektrische Nahmobilität (Pedelecs) ihre ergänzende Wirkung entfalten.

DESIGN VERMITTELT ZWISCHEN MENSCH UND MOBILITÄTSSYSTEM

Um diese neue Freiheit der Mobilität zu ermöglichen, ist nicht nur ein störungsfreies Zusammenspiel der unterschiedlichen Mobilitätsangebote und Verkehrsmittel notwendig (Aufgabe von Organisation und Planung), sondern es bedarf einer umfassenden Gestaltung der Mobilitätsräume, in denen sich die Nutzenden bewegen, auch in der Verknüpfung zum mobilen Internet. Dies ist die zentrale Herausforderung für das Mobilitätsdesign: Wie vermitteln wir Menschen ein positives Mobilitätserlebnis? Das betrifft nicht nur die funktional-praktischen Zusammenhänge, sondern wesentlich auch die emotionalen Faktoren: Fühle ich mich wohl, fühle ich mich sicher? Wie »spricht« das System zu mir – steht es für innovative Mobilität? Drückt es mir gegenüber Wertschätzung aus? Das Mobilitätsdesign im Sinne einer an den Bedürfnissen und Wünschen des Menschen orientierten Gestaltung leistet in diesem Zusammenhang einen zentralen Beitrag, da es zwischen den Menschen und dem Mobilitätssystem mit seinen digitalen wie physischen Schnittstellen vermittelt: Zugang verbessert, Erfahrung positiv beeinflusst und Bedeutung prägt. Aus der Perspektive des Mobilitätsdesigns ist dabei im Auge zu behalten, dass die individuellen Bedürfnisse nach Autonomie, Privatheit und Komfort mit den gesamtgesellschaftlichen Zielsetzungen wie generationsgerechter Klimaschutz und soziale Gerechtigkeit in Übereinstimmung zu bringen sind.

VERNETZEN UND TEILEN – DIE NEUE MOBILITÄT

Mit der Durchführung intermodaler Mobilität (der Verknüpfung unterschiedlicher Mobilitätsformen auf einem Weg) bahnt sich eine mobilitätstechnische Revolution an, die auf den beiden Prinzipien *Vernetzen* und *Teilen* beruht. Durch die Verbindung von digitalgestützten Vermittlungsplattformen mit gemeinsam geteilten und damit effizienter genutzten Verkehrsmitteln wird eine umweltverträgliche und intelligente Mobilität technisch möglich. Aber Smartphones (und andere technische Informations- und Kommunikationsmittel) befördern keine Menschen. Dazu bedarf es einer Verkehrsinfrastruktur, die physische Mobilität ermöglicht.

Alle diese Mobilitätsangebote sind aber aus der Perspektive der Nutzenden als ein zusammenhängendes System zu begreifen, das sich flexibel den Mobilitätsentscheidungen anzupassen hat.

In einem intermodalen Mobilitätssystem interagieren Nutzende mit einem hochkomplexen System unterschiedlicher Angebote, die physisch in den Raum eingebettet sind – als mobile Verkehrsmittel sowie als tragende und unterstützende, immobile Räume und Objekte mit den dazugehörigen, analog zur Verfügung stehenden Informationen. Erst durch die Gestaltung (Architektur, Design) wird Nutzenden die Bedeutung und der Wert dieser neuen und fortschrittlichen Mobilität vermittelt– und zwar unmittelbar während sie mobil sind. Daher ist hier gestalterisch eine systemische Perspektive notwendig, die alle Bestandteile des Mobilitätssystems mit im Auge behält: vom Fahrradständer über das Transportfahrzeug bis hin zur Bahnhofshalle. Jedes dieser Einzelelemente vermittelt den Nutzenden einen Zugang zum gesamten Mobilitätssystem, von den funktional notwendigen Anforderungen an die Verständlichkeit und Gebrauchstauglichkeit bis hin zu seiner Bedeutung, zur emotional-symbolischen Wirkung der gestalteten Mobilitätsräume.

DIE DIGITALE ERWEITERUNG UNSERER MOBILITÄT

Die digitale Erweiterung des Mobilitätssystems durch die wachsenden Möglichkeiten des digitalen Informationsaustauschs ist für die zukünftige Entwicklung zu berücksichtigen. Dies betrifft nicht nur die erweiterten und personalisierten Handlungsmöglichkeiten von Nutzenden durch das mobile Internet (zukünftig über unterschiedliche *Wearables* verfügbar), sondern auch die Weiterentwicklung des Mobilitätssystems zu einem durch künstliche Intelligenz gesteuerten, adaptiven und responsiven System. Durch die Entwicklung eines datenbasierten, in Echtzeit operierenden, dezentralen und personenbezogenen sowie sich selbst optimierenden technischen Systems wird eine grundlegende Veränderung erfolgen: Galt das Mobilitätssystem in seiner Struktur als fest gefügt, wird es zukünftig algorithmisch dynamisiert werden und sich dem Nutzungsverhalten antizipierend anpassen. Bis dahin ist es jedoch noch ein weiter Weg. Zunächst umfasst die Digitalisierung des Mobilitätssytsems die Weiterentwicklung seiner herkömmlichen Teile (Fahrzeuge, Bauwerke, Gebrauchsgegenstände) zu Smart Objects, die in der Lage sind, Informationen bereitzustellen, aber auch Daten über sich selbst und ihre Umgebung zu speichern und diese mit anderen Objekten des Mobilitätssystems, aber auch mit Personen zu teilen. Diese Smart Objects sind im digitalen Kontext präsent und können eigenständig Beziehungen innerhalb des Netzwerks zu anderen Objekten und Personen aufbauen. Dadurch werden zukünftig *intelligente Umgebungen* entstehen, die nicht nur Handlungsoptionen für Nutzende bereitstellen, sondern die bereits auf der Basis der zur Verfügung stehenden personenbezogenen Daten antizipierend, also vorausschauend, die Angebote individuell anpassen und damit die Handlungsfähigkeit von Nutzenden optimieren. Auch dies ist eine der zentralen Herausforderungen an ein zukünftiges Mobilitätsdesign: Wie wird in diesen neuen Zusammenhängen Vertrauen geschaffen, Vorgänge transparent gestaltet und Handlungsautonomie gewährleistet werden?

MOBILITÄTSDESIGN SCHAFFT AKZEPTANZ

Eine alternative, umweltschonende und vernetzte Mobilität muss nicht nur reibungslos funktionieren (was auch eine gute Planung und Organisation voraussetzt), sondern sie muss ein positives Mobilitätserlebnis vermitteln und vor allem zu den Menschen als Produkt »sprechen«, ihnen gegenüber Wertschätzung zum Ausdruck bringen (in seiner Gestaltung, so, wie es wirt, sich »anfühlt«) und zudem nach außen verdeutlichen, dass man an einer fortschrittlichen und attraktiven Mobilität teilhat. Das ist eine Gestaltungsfrage:

Über die Gestaltung des Mobilitätssystems werden Werte vermittelt und Bedeutung strukturiert. Die individuelle Aneignung und Bewertung ist ein entscheidender Faktor für Akzeptanz. Akzeptanz wird nicht nur durch Kommunikation über eine neue Mobilität, sondern vor allem *durch* eine an den Bedürfnissen der Menschen ausgerichtete Gestaltung des Mobilitätssystems erreicht.

Wenn die neue, intelligente und nachhaltige Mobilität die in sie gesetzten Hoffnungen nicht enttäuschen soll, bedarf es nicht nur des politischen Willens, notwendige strukturelle Reformen anzugehen, sondern auch veränderter Planungslogiken und der frühzeitigen Einbindung der Gestaltung (Design, Architektur) in eine integrierte Siedlungs- und Verkehrsplanung. Und es bedarf einer umfassenden Gestaltung der Mobilitätsräume, die bei den individuellen Bedürfnissen ansetzt und zugleich eine für alle positive Perspektive bietet.

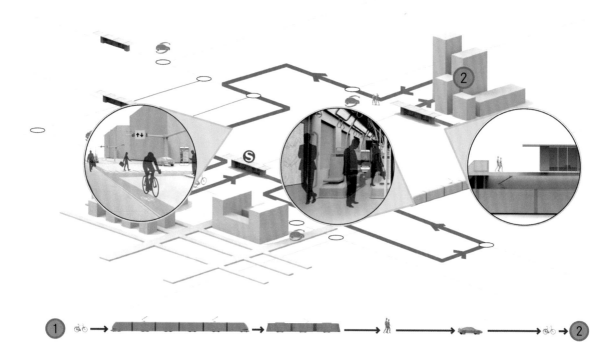

Systemische Gestaltung des inter-
modalen Mobilitätssystems.
Grafik: Kluge, A./Schwarze, J./
HfG Offenbach

Älter werden in einer alternden Gesellschaft

1
Statistik Austria (2021): »Bevölkerung nach Alter und Geschlecht«.
https://www.statistik.at/web_de/statistiken/menschen_und_gesellschaft/bevoelkerung/bevoelkerungsstruktur/bevoelkerung_nach_alter_geschlecht/index.html#:~:text=Aktuelle%20Jahresergebnisse&text=J%C3%A4nner%202022%20lebten%20vorl%C3%A4ufigen%20Ergebnissen,waren%2065%20Jahre%20oder%20%C3%A4lter (letzter Zugriff: 24.02.2022)

Moderne Gesellschaften altern in mehrfacher Hinsicht: Erstes nimmt das Durchschnittsalter zu, weil die Menschen aufgrund steigender Lebenserwartungen immer älter werden – hierbei steigt der Anteil der sehr alten Menschen besonders stark. Zweitens altern Gesellschaften auch, weil es immer weniger Kinder, Jugendliche und junge Erwachsene gibt (Unterjüngung) – der Grund hierfür ist der stetige Rückgang der Geburtenrate seit fast hundert Jahren, der durch Zuwanderung nicht kompensiert werden kann. Drittens werden die Arbeitenden immer älter, was angeblich dazu führt, dass moderne Gesellschaften immer weniger innovativ und wettbewerbsfähig werden.

In Österreich lebten am 01.01.2021 so viele ältere Menschen über 64 Jahren wie Kinder und Jugendliche unter zwanzig Jahren. Während der Anteil der Jungen bis zum Jahr 2070 nur gering abnehmen wird (18,7 Prozent), wird er sich für die über 64-jährigen um fünfzig Prozent erhöhen (28,9 Prozent)[1]. Damit steht Österreich vor dem historischen Moment, dass sich die Relationen langsam, aber unaufhörlich zugunsten einer Gesellschaft verschieben, in der die Interessen und Bedürfnisse älterer Menschen gegenüber denen der Jüngeren an Bedeutung zunehmen – auf Konsummärkten und in demokratischen Entscheidungen.

ALTERNDE GESELLSCHAFTEN BRAUCHEN EINE NEU-AUSRICHTUNG DER SOZIALSYSTEME

In diesem Kontext stehen das klassische Rentensystem und das Gesundheitssystem vor großen Herausforderungen. Der Arbeitsmarkt und das Rentensystem erfordern eine längere Lebensarbeitszeit, denn das Rentensystem wurde in den 1970er-Jahren vor dem Hintergrund einer deutlich geringeren Lebenserwartung aufgesetzt. Eine verlängerte Lebensarbeitszeit lässt sich aktuell politisch jedoch kaum durchsetzen.

Die heute älteren Menschen sind zwar gesünder als alle Vorgänger*innen-Generationen, aber weil sie länger leben, erleben sie auch häufiger chronische Krankheiten. Dadurch steigen die Kosten des Gesundheitssystems und es wird das Pflegesystem unter Druck gesetzt. Außerdem sind die älteren Menschen von heute im Durchschnitt besser gebildet und mobiler als ihre Vorgänger*innen-Generationen, dennoch steigt die Altersarmut, und die Zahl der Einsamen und der Pflegebedürftigen nimmt zu.

DAS BILD ALTERNDER MENSCHEN IST VERALTET

Trotz der Dynamik der Überalterung ist wenig über die älteren Menschen von heute und morgen bekannt. Aus der Statistik lässt sich zwar die Zahl der Menschen in den hohen Altersgruppen ablesen und der Altersaufbau in seiner Entwicklung auch gut prognostizieren, aber unser Wissen über die Folgen daraus steht auf dünnem Eis:

— Die Einstellungen, Werte und Handlungsmöglichkeiten, aber auch die mentale und physische Gesundheit variieren innerhalb der einzelnen Altersgruppen erheblich.

— Zudem wissen wir wenig über die empfundene Lebenszufriedenheit, die Rolle von Familie und Freund*innen, von Wohnung und Nachbarschaft.

— Viele der älteren Menschen fühlen sich jünger als sie sind und konsumieren stärker: Die heute Sechzigjährigen sehen aus wie fünfzig und konsumieren wie die Vierzigjährigen — das ist ein Stehsatz aus dem Marketing.

Die gesellschaftlichen Bilder älterer Menschen sind häufig immer noch an eingeschränkter Gesundheit und Leistungsfähigkeit orientiert — es muss ja nicht der Achzigjährige im quietschgelben Neopren-Anzug beim Kite-Surfing sein, aber eben auch nicht das alte Paar im Ausgedinge auf der Bank vor dem Haus.

WIE WOHNEN ÄLTERE MENSCHEN?

Außer im Rahmen von Fallstudien sind die Wohnverhältnisse älterer Menschen nicht bekannt, schon gar nicht deren Zufriedenheit mit ihren Wohnungen, dem Stadtviertel oder dem sozialen Umfeld. Wir wissen aus der amtlichen Statistik zwar, wo sie unter- oder überdurchschnittlich beheimatet sind, aber nicht einmal die Veränderungen über zehn Jahre lassen sich sinnvoll interpretieren. Liegt die Altersentwicklung an unterschiedlichen Fort- und Zuzügen oder schlicht am Altersprozess der dort Wohnenden, die ja alle im Zeitverlauf um zehn Jahre altern? Dazu gesellt sich die Schwierigkeit, dass (im Mietsektor) sehr viele der ältesten Quartiere innerhalb von zehn bis 15 Jahren zu den Jüngsten werden, weil die Enkel-Generation in die freiwerdenden Wohnungen nachzieht. Wie soll man dort also »altersgerecht« planen?

Aus Fallstudien ist bekannt, dass insbesondere Witwen tendenziell in für eine Einzelperson zu großen Wohnung leben. Ein wichtiger Grund hierfür ist, dass eine Neu-Miete einer kleineren Wohnung oftmals deutlich höher als die aktuelle Miete wäre. Es ist auch bekannt, dass Menschen gerne möglichst lang in ihrer Wohnung leben möchten, insbesondere dann, wenn ihnen beschwerliche Hausarbeit abgenommen werden kann.

ANPASSEN DER WOHNUNG AN DEN ALTERNSPROZESS IHRER BEWOHNER*INNEN

Wie müssten diese Wohnungen angepasst werden, damit sie auch bei nachlassenden körperlichen Kräften für die Bewohner*innen nutzbar bleiben und gegebenenfalls für eine häusliche Pflege geeignet sind? Die oftmals alten Wohnungen lassen sich nur bedingt anpassen, denn im bürgerlichen Altbau sind die Bäder und Toiletten klein und trotz eines später eingebauten Liftes sind dennoch einige Stiegen zu bewältigen. Die knappen Grundrisse der gründerzeitlichen Arbeiter*innenwohnungen und solcher aus den 1950er- bis 1970er-Jahre lassen eine Adaption kaum zu. In den jüngeren, besser geeigneten Bauten ist der Anteil älterer Menschen jedoch umso niedriger, je jünger die Wohnungen sind.

Barrierefreies Wohnen im Neubau ist zwar eine laute Forderung, doch ziehen ältere Menschen selten in Neubauwohnungen. Das Argument, dass es doch für alle hilfreich sei, wenn alles großzügiger angelegt ist, ist zwar richtig, macht aber das Wohnen zusätzlich teurer.

Um die häusliche Pflege zu unterstützen oder das eigenständige Leben in der eigenen Wohnung zu verlängern, wird zunehmend Smart-Home-Technologie eingesetzt. Zahlreiche Sensoren überwachen die Bewohner*innen im Hintergrund: Türen öffnen sich automatisch oder kontrollieren, ob der Herd noch eingeschaltet ist, ob Medikamente richtig eingenommen werden und ob Bewohner*innen noch in normalem Tempo gehen – das lässt sich messen und an Betreuungspersonal weiterleiten. Pflegeroboter, wie sie in Südkorea oder in Japan in der häuslichen Pflege eingesetzt werden, sind hierzulande noch eine Zukunftsmusik.

WOHNUNGEN ANPASSEN – ABER WIE?

In der Fachdiskussion wird aufgrund des steigenden Anteils älterer Menschen immer wieder barrierefreies Wohnen, Mehrgenerationenwohnen, gemeinschaftliches Wohnen und verschiedene Formen des betreuten Wohnens genannt. Brauchen aber wirklich alle Menschen über sechzig oder fünfundsiebzig Jahren solche Wohnformen? Hier wird »älter« gedankenlos mit »körperlich und/oder geistig eingeschränkt« beziehungsweise »einsam« gleichgesetzt.

Es gibt jedoch einen größeren und vermutlich auch einen wachsenden Anteil gesunder Menschen in diesen Altersgruppen. Falls im höheren Alter die einschränkende Situation weit fortgeschritten ist, leben diese Menschen sowieso meist nicht mehr in Wohnungen, sondern in Kranken- und Pflegeeinrichtungen. Zudem hat Einsamkeit weniger mit der Wohnung als mit der Qualität sozialer Kontakte zu tun.

Gemeinschaftliches Wohnen und Mehrgenerationenwohnen sind aktuell zwar *en vogue*, aber für die meisten älteren Menschen ist das nicht mehr als ein Nischenprodukt, weil es in der Regel auf bestimmte Milieus und Wohnerfahrungen begrenzt ist. Der dahinterliegende Gedanke ist nachvollziehbar und man sollte solche Projekte forcieren – für das Gelingen sind aber soziale Prozesse besonders wichtig. Wenn das generationenübergreifende Interesse und Verständnis in der Gesellschaft sinkt, stellt sich die Frage, wie Architektur dem jenseits von Vorzeige-Projekten entgegenwirken kann.

ALTERSGERECHTES WOHNUMFELD?

Im Städtebau wiederum werden »altersgerechte Quartiere« gefordert. Aber was heißt das vor dem Hintergrund der Heterogenität der Interessen und Möglichkeiten älterer Menschen? Barrierefreiheit ist doch nur dann notwendig, wenn Altern dem Angewiesen-Sein auf einen Gehstock, Rollator oder Rollstuhl gleichgesetzt wird. Soll alles im Alltag zu Fuß oder mit dem ÖPNV erreichbar sein, wie es die 15-Minuten-Stadt-Idee fordert? Da unsere Siedlungsstrukturen über fünf bis sechs Jahrzehnte autogerecht gestaltet wurden, funktioniert diese Idee vor allem in der gründerzeitlichen Stadt und den unmittelbaren Zentren der Klein- und Mittelstädte. In *Suburbia* und im ländlichen Raum werden die notwendigen Einrichtungen des täglichen Bedarfs eher abgebaut, und man ist auf das Auto angewiesen, um den Alltag zu organisieren – das ist aber für ältere Menschen zunehmend schwierig.

Konzepte wie »Stadt der kurzen Wege«, »Superblock« und »15-Minuten-Stadt« sind von Architekt*innen, Städtebauer*innen und Raumplaner*innen favorisierte Ideen, die sich aber nur dort verwirklichen lassen, wo der Markt eine entsprechende Kaufkraft vermutet. In den gut ausgestatteten und gut erreichbaren Quartieren ist die Nachfrage nach Wohnraum besonders hoch und viele der Gebiete sind bereits gentrifiziert. Nebeneffekt dieser Konzepte ist also auch, dass auf diese Weise ein steigender Mietdruck erzeugt wird, insbesondere auf die »Altmieter*innen« mit (noch) niedrigen Mieten.

WENIGER AN BAULICHE STRUKTUREN ALS AN SOZIALE PROZESSE DENKEN

Architektur ist ein sozialer Prozess – das parallele Altern von Bürger*innen und Wohnbaubestand ist es auch. Solange nicht ausreichend differenziert bekannt ist, wie ältere Menschen wohnen wollen, reicht es nicht aus, bauliche »Idealmodelle« über deren Köpfe hinweg zu entwerfen. Befragt man sie doch, so wissen ältere Menschen oft selbst nicht beziehungsweise vermeiden es darüber nachzudenken, wie sie morgen leben wollen.

Schon Jane Jacobs ging davon aus, dass Architektur und Städtebau zwar die Bühne und das funktionale und ästhetische Bühnenbild liefern, nicht aber das Drehbuch schreiben oder die Rollen des »Lebens in alternden Gesellschaften« besetzen. In der Vergangenheit und überwiegend auch noch in der Gegenwart überließ und überlässt man die Organisation des altersgerechten Wohnens den älteren Menschen selbst, ihrem sozialen Umfeld oder den sozialen Einrichtungen. Das »Abschieben« in Altenheime rangiert an letzter Stelle der Erwartungen älterer Menschen – das wird künftig nicht mehr ausreichen. Vielmehr sind Prozesse notwendig, in denen Städtebauer*innen und Architekt*innen zwar ihren Platz haben, aber nur selten die Richtung vorgeben (sollten).

Mindestens fünf Faktoren sind also ausschlaggebend:

1. Es ist ein sozial und räumlich differenzierteres Wissen über die objektiven Wohn- und Wohnumfeldbedingungen älterer Menschen, über ihre Wohnzufriedenheit (die meist als sehr hoch geäußert wird) und ihre Erwartungen notwendig, wie ihr eigenständiges Wohnen aussehen sollte.

2. Statt alle (geförderten) Neubauten dem Standard des barrierefreien Wohnens zu unterwerfen, braucht es ein flexibel adaptierbares Wohnungsmarktsegment für Menschen mit zunehmend eingeschränkten körperlichen und mentalen Fähigkeiten – breit innerhalb des Bestandes großer Wohnbauträger und über das Stadtgebiet verstreut, aber immer ausreichend mit Gelegenheiten zur Organisation des Alltages ausgestattet und gut mit öffentlichen Verkehrsmitteln erreichbar.

3. Dazu braucht es flexible finanzielle und handwerkliche Förderungen zur Adaption im Bestand, eventuell mit Auflagen für bestimmte freiwerdende Wohnungen. Hier muss der Staat auch in den freien Markt durch entsprechende Regelungen eingreifen.

4. Es ist daher notwendig, sich in der Ausbildung in Architektur, Städtebau und Raumplanung stärker den Fragestellungen der Adaption des Bestandes anzunehmen, ohne vorgefertigte Lösungen für Nischen-Nachfragen oder Vorbilder von oben und außen zu produzieren. Diese sollte vor allem am Nutzwert und der Flexibilität orientiert sein.

5. Dazu ist eine IG Architektur wünschenswert, die sich zum zwanzigsten Geburtstag vornimmt, sich diesen Fragen proaktiv, innovativ und sozial sensibel anzunehmen, um daraus auch politisch-planerische Forderungen abzuleiten.

Wie offen ist die Arrival City?

1
Hendricks, Barbara: Rede bei der Press-
konferenz zur Eröffnung des Deutschen
Pavillons, 27.05.2016

Die Parallelen zwischen dem deutschen und österreichischen Beitrag auf der Architekturbiennale in Venedig 2016 waren mehr als deutlich. Die Programme beider Kurator*innenteams waren vom damals noch frischen Eindruck der Syrien-Geflüchteten im Sommer 2015 geprägt. Damals hatten Hunderttausende Geflüchtete den Weg durch Österreich bestritten, bis Mitte Dezember hatten laut Bundesministerium 85.000 davon einen Asylantrag gestellt. Welche Antwort, welchen Beitrag konnten Architekt*innen hier leisten? Im österreichischen Pavillon in Venedig (Kuratorin: Elke Delugan-Meissl) wurden Beiträge von Caramel, EOOS und The Next Enterprise gezeigt, die mit Möbeln und Raumkonzepten konkrete Hilfe bei der Unterbringung leisteten.

Der deutsche Pavillon (kuratiert vom Deutschen Architekturmuseum Frankfurt) ging das Thema mit dem Beitrag »Making Heimat« wesentlich politischer und plakativer an und stellte acht Thesen zur Arrival City auf. »Deutschland ist Einwanderungsland, das ist eine Tatsache«[1], wie die damalige Bundesministerin für Bau Barbara Hendricks (SPD) bei der Eröffnung sachlich feststellte.

Arrival Cities — Das sind Städte und Stadtviertel, in denen Communities mit Migrationshintergrund leben, und die daher ideale Anlaufstellen für Neuankömmlinge sind. Geprägt wurde der Begriff vom kanadischen Autor Doug Saunders in seinem Buch *Arrival City* (2010). Genau jene Quartiere, die von der Mehrheitsgesellschaft oft als Ghettos, Slums oder bedenkliche Parallelgesellschaften stigmatisiert werden, sind laut Saunders zunächst einmal logische und sinnvolle Phänomene. Arrival Cities sind *Safe Spaces*, in denen etwa traumatisierte Geflüchtete aus Krisengebieten oder auch aus anderen Gründen

2
Saunders, Douglas: »An der Schwelle«. In: Schmal, Peter Cachola/Elser, Oliver/ Saunders, Doug (Hg.): *Making Heimat: Germany, Arrival Country*, Berlin 2016, S. 23

3
Ebd., S.25

4
Ebd., S.35

Einwandernde Anschluss finden. Frühere Arrival Cities sind heute als Chinatown und Little Italy folklorisierte Teile der Metropolen geworden und haben sich im Zeitgeist etabliert, ebenso wie etwa das jüdische Brooklyn, das polnische Chicago, oder das türkische Ottakring.

»Europäische Großstädte sind – jenseits der äußerlichen Illusion ihrer offiziellen symbolträchtigen Stadtzentren – großteils Ansammlungen von Migrantenenklaven«, schreibt Saunders. »Aus diesen anfangs in der Regel informellen, ungesunden und berüchtigten ›Außenseiterquartieren‹ sollten schließlich die prosperierendsten und angesehensten Wohngebiete dieser Städte werden«.[2] Dass dies natürlich nicht immer so ist, weiß auch Saunders selbst, denn die Entwicklung kann ebenso in Richtung Gewalt und Extremismus gehen – vor allem, wenn die Anreize zur Integration fehlen. Elementar ist jedoch seine These, »dass wir die Immigration nicht länger als festen, statischen Punkt – als Ankunft an einem Ziel – betrachten dürfen. Vielmehr müssen wir sie als dynamischen Prozess sehen«.[3]

In den Arrival Cities wird Integration mit Stadtplanung kurzgeschlossen und hängt von planerisch-politischen Entscheidungen ab, denn Integration, so Saunders, findet vor allem auf der Ebene des Wohngebiets statt. Er meint, die Entfaltung und Verwurzelung vor Ort geschehe dann am besten, wenn kleine Gewerberäume und liberale Bebauungsbestimmungen dem Drang zum Unternehmertum die Türen öffnen.

Der Schlüssel zum Erfolg von Arrival Cities ist *upward mobility*. Unabdingbar dafür ist eine gute Anbindung an städtische Infrastruktur, die den Zugang zu Jobs, Bildungs- und Kulturangeboten ermöglicht. Das Beispiel der Pariser Banlieues zeigt, was passiert, wenn diese Anbindung nicht vorhanden ist. Laut Saunders sind auch die Islamische Revolution im Iran 1979 und Hugo Chávez' Revolution in Venezuela auf das Blockieren der Bedürfnisse von Migrant*innen zurückzuführen.

Ein wesentliches Element städtischer Infrastruktur sind – auf alltäglicher Ebene – die Schulen. Doug Saunders argumentiert, dass gerade migrationsgeprägte Stadtviertel Schulen mit überdurchschnittlicher Qualität – sogenannte *Magnetschulen* – brauchen, um die Identifikation von Migrant*innen mit Bildung im eigenen Viertel herzustellen. Erfahrungen aus Berlin zeigen darüber hinaus, dass derartige Magnetschulen auch bildungsaffine Familien anziehen – was die soziale Durchmischung fördert. Eine weitere wichtige Rolle spielen städtische Bibliotheken, die als informelle, ideologie- und konsumfreie Treffpunkte fungieren und kostenfreien Zugang zu Informationen und Bildung bieten. Studien aus Norwegen beweisen die Wichtigkeit dieser Räume auf dem Weg von der »passiven Beobachtung zur aktiven Teilnahme«[4], und gebaute Beispiele wie Oodi, eine Wunderkammer aus Bibliothek, Werkstätten und Projekträumen in Helsinki, oder auch die Hauptbücherei in Wien demonstrieren die Richtigkeit dieser These.

Sechs Jahre nach der Architekturbiennale 2016 ist es an der Zeit, den Fokus etwas zu weiten – schließlich hat das so prägende Jahr 2015 im Guten wie im Schlechten das Thema

5
Hobsbawm, Eric/Ranger, Terence (Hg.):
The Invention of Tradition. Cambridge
1983

6
Kureishi, Hanif: *The Buddha of Suburbia*.
London 1990

7
Bernhardt, Anne-Julchen/Weber, Anna:
»Transfer – Migration erzeugt Architek-
tur«. In: *ARCH+ 213 Out of Balance –
Kritik der Gegenwart / Reader Information
Design*, Berlin 2013, S. 72

Migration als Ausnahmezustand definiert, auf den wahlweise mit offenen Armen oder Abwehr reagiert wurde. Blickt man jedoch auf die Menschheitsgeschichte zurück, ist Migration keineswegs die Ausnahme, sondern die Regel, erst recht vor der Quasi-Erfindung des Nationalstaats im 19. Jahrhundert und der »invented tradition« (Eric Hobsbawm)[5] von Nationaltrachten und vermeintlich ewig-uriger Authentizität. Das imperiale Wien mit seinem Völkergemisch ist ein Paradebeispiel dafür, und auch unter den Architekt*innen jener Zeit finden sich zahlreiche Migrationsbiografien – Joze Plecnik (slowenisch, tschechisch, österreichisch) ist nur der bekannteste unter ihnen.

Dieses »Wiener Modell« ist dementsprechend auch ein Modell für die Stadt an sich. Stadt ist Konflikt und Verhandlung, Konfrontation mit dem Fremden und Unbekannten – Stadt ist Zivilisation. Veränderungen und Chancen sind die Essenz und die ewige Verlockung der Stadt. Auch in Hanif Kureishis Roman *The Buddha of Suburbia*[6] findet der halbpakistanische Protagonist aus einem langweiligen Vorort seine Erfüllung in der Literatur- und Theaterszene des Londons der 1980er-Jahre – die Großstadt als Sehnsuchtsort und Magnet. Heute sind es Städte wie Jakarta, Lagos, Istanbul, Teheran oder Shenzhen, die mit ihren Möglichkeiten die jungen Suchenden vom Land mit (nicht immer eingelösten) Versprechen locken. Zuwanderer*innen bewegen die Stadt und halten sie am Leben: ein junger Syrer, der mit Eigeninitiative ein kleines Restaurant in Wien eröffnet, trägt möglicherweise mehr zum Gemeinwesen als ein 51-jähriger einheimischer Frühpensionist bei, der sich auf weitere fünf Jahrzehnte im subventionierten Schrebergarten freut.

Zwei Jahre vor dem »Flüchtlingssommer« 2015 schrieben Anne-Julchen Bernhard und Anna Weber in der Zeitschrift *ARCH+* unter dem Titel »Migration erzeugt Architektur« eine Art Grundsatzdiagnose der engen Interaktion zwischen nomadischen oder akuten Wanderbewegungen einerseits und der Behausung und der Stadt andererseits: »Am neuen Ort versammelt sich durch die Vielzahl unterschiedlicher Biografien ein enormer Fundus mitgebrachter bzw. erinnerter Architektur. Migranten bringen Typologien mit. Ebenso wie die Menschen werden auch diese Typologien mit den örtlichen Gegebenheiten, den lokalen Regeln und Grenzen konfrontiert. Jenseits der etablierten Wahrnehmung von Raumaneignung findet ein leiser Prozess der Verhandlung räumlicher Regeln statt, der schließlich zu neuen räumlichen Manifestationen führt. (...) Abhängig von den Akteuren und deren Anforderungen und Möglichkeiten werden Erinnerungen und Ideen, Materialien und Bauelemente, Fachwissen und Fertigkeiten, Klima und Vegetation, Gebrauch und Ritus Objekte des Transfers. Es entstehen kulturell aufgeladene Räume als Einheit von Altem und Neuem, Entferntem und Nahem, Gemeinschaftlichem und Allgemeinem, Regeln und Aneignung«.[7]

Die Verhandlung zwischen dem Etablierten und dem (manchmal nur vermeintlich) Fremden, aus dem dann etwas Neues und daraus wiederum das nächste Etablierte entsteht, ist so etwas wie der Grundzustand des Urbanen. Diese kulturell aufgeladenen Räume sind der Nährboden der Zivilisation. Eine Stadt ist kein homogenes Vakuum, Kultur ist immer multikulturell.

8
Interview mit dem Autor, Dezember 2015, zitiert in: Novotny, Maik (15.12.2015): »Eine Stadt kann man nie ganz kontrollieren«. https://www.derstandard.at/story/2000027339291/saskiasassen-wir-muessen-die-stadt-offen-halten (letzter Zugriff: 01.04.2022)

9
Rede zur Eröffnung der MANIFESTA 12 in Palermo, 15.Juni 2018, zitiert in: Novotny, Maik (24.06.2018): »Eine Stadt wird zum Manifest«. https://www.derstandard.at/story/2000081991670/palermoeine-stadt-wird-zum-manifest-fuer-den-reich-tum-kulturellermischungen (letzter Zugriff: 01.04.2022)

Dies ist natürlich nur die eine Seite der Migration, denn diese entsteht immer im Spannungsfeld ungleicher Machtverhältnisse – und ist nicht immer freiwillig, wie es die Soziologin Saskia Sassen 2014 in ihrem Buch *Expulsions* diagnostizierte: »Es gibt heute mehr Ungleichheit, mehr Armut, mehr Flüchtlinge, mehr Gefängnisinsassen, mehr Überwachung, mehr Leute, die aus ihren Häusern geworfen werden, weil sie die Hypotheken nicht mehr zahlen können«, sagt sie. Dafür gäbe es laut ihr mehr als nur eine Ursache. »Ich interessiere mich schon seit langem dafür, wie Migrationen beginnen. Wenn eine neue Migration entsteht, frage ich mich nicht, wer diese Leute sind, sondern was dort passiert, wo sie herkommen? Diese Frage nach dem Warum ist absolut wesentlich«.[8]

Zwischen diesem Warum am Anfang und dem Darum am Ende der Wanderbewegung werden bewusst Grenzen und Blockaden gesetzt. Das kulturell aus Migration und Austausch gegründete Europa wird zur Frontex-Festung, das Mittelmeer zur tödlichen Grenzregion. Besinnen wir uns also auf die Worte von Leoluca Orlando, dem Bürgermeister von Palermo, der 2015 in seiner Charta von Palermo das Recht auf unbegrenzte Mobilität für alle forderte und erklärte: »Wenn man mich fragt, wie viele Migranten wir in Palermo haben, sage ich: Keinen einzigen. Ich unterscheide nicht zwischen denen, die hier leben und denen, die hier geboren sind. Wer in Palermo ist, ist Palermitaner«.[9] Und wer in der Stadt ist, ist Bürger*in.

Wohnen als Indikator für Haltung

Eine kurze Geschichte von Architektur und Krise

Die Welt steckt in der Krise: Finanzkrise, Klimakrise, Pandemiekrise. Auch die Architektur steckt in einer Krise – einer Sinnkrise. In Krisenzeiten wird aus Behausung oft Kapital, und Architekturschaffende werden im Dienste ihrer Bauherr*innen zunehmend zu Expert*innen des maximalen Ausnutzens von Kubatur. Geht etwas schief, übernehmen Jurist*innen, Versicherungen, Masseverwalter*innen. Natürlich ist diese Darstellung überspitzt, aber nicht ganz falsch.

1
Blau, Eve: *Rotes Wien, Architektur 1919–1934, Stadt, Raum, Politik.* Wien 2014, S. 131

2
Loos, Adolf/Kulka, Heinrich: *adolf loos, heinrich kulka.* Wien 1979, S. 34

Auch zur Zeit des Bauhauses war Krise, doch an der Wirkmacht von Architektur und Kunst bestand kein Zweifel. Bauhausgründer Walter Gropius war überzeugt, dass gute Gestaltung zu einer besseren Welt führt. Bei der Bauhaus-Ausstellung 1923 in Weimar zeigte man innovative Wohntypologien mit *Raumzellen*, die verschieden zu kombinieren waren. Die Haltung der Bewegung polarisierte jedoch. Nach dem Wahlerfolg von Rechtskonservativen musste das Bauhaus Weimar verlassen, die rasch wachsende Industriestadt Dessau nahm es mit offenen Armen auf. Dessau erhoffte sich vom typisierten Bauen, das Gropius propagierte, eine Linderung seiner Wohnungsnot. Die Mustersiedlung Dessau-Törten war ein Experiment, in dem optimierte Bauprozesse, vorgefertigte Bauteile und neue Materialien hohe Wohnqualität zu geringen Kosten schaffen sollten. Bei den ersten sechzig Häusern gelang das nicht, aber man lernte dazu. 1928 wurden in 88 Arbeitstagen bereits 130 Häuser hergestellt. Die fertige Siedlung bestand aus 314 verschiedenen Typen mit 57 bis 75 Quadratmetern Wohnfläche, dazu Nutzgärten von 350 bis 400 Quadratmetern zur Selbstversorgung und Kleintierhaltung. Die Siedlung Dessau-Törten hatte Baumängel, wird aber bis heute von ihrer Bewohner*innenschaft geliebt – eine Überlebensgarantie für Architektur.

Wien lag nach dem ersten Weltkrieg so danieder, dass vorerst nur Eigeninitiative half. Die dortige Siedler*innenbewegung ist eine Geschichte der Selbstermächtigung. Sie begann als *grass roots*-Bewegung mit wilden Siedlungen, das Siedlungsamt der Gemeinde Wien brachte Struktur und gute Architektur in den Selbstbau und die Selbstversorgung. Adolf Loos war dort Chefarchitekt, 1920 ließ er sein Konstruktionsschema für das »Haus mit einer Mauer« patentieren. »Loos' System war wirtschaftlich und logisch, aber sein Zweck war nicht die Förderung der Massenproduktion standardisierten Wohnraums: es sollte einfach und billig genug sein, dass Fabrikarbeiter in der Stadt sich diese Bleibe leisten und selbst bauen konnten«[1], analysiert Eve Blau in ihrem Standardwerk zum Roten Wien. Loos forderte Gärten, die »nicht größer als maximal 200 m², lang und schmal sein«[2] sollten, um sie wirtschaftlicher betreiben zu können. 1921 plante er mit Margarethe Schütte-Lihotzky die *Friedensstadt*. Ihr Areal war im Herbst 1920 von Kriegsinvaliden besetzt worden, 1921 erhielt deren Wohngenossenschaft das Recht, dort zu siedeln. Die Grundrisse waren zwischen sechs mal sechs und sechs mal neun Meter groß, jedes Haus unterkellert – als Lager, Werkstatt, Kleintierstall und Abort. Dem Roten Wien schien das zu individualistisch und unabhängig gewesen zu sein. Es forcierte Volkswohnpaläste und Superblocks als kleine Städte für die Arbeiter*innenschaft, die mit großem, grünem Hof, Waschküche, Kindergarten, Tanzschule, Bibliothek usw. alle Bedürfnisse erfüllten. Auch diese Anlagen waren Ziegel für Ziegel per Hand gemauert, um mehr Arbeitsplätze zu schaffen. Das trug ihnen den Vorwurf ein, nicht modern genug zu sein. Gemeinsam ist dem Roten Wien und der Siedler*innenbewegung, dass sie bei der Schaffung besserer Lebensbedingungen auf die Architektur setzten.

3
Uhl, Ottokar: *Ottokar Uhl. Nach allen Regeln der Architektur.* Wien 2005, S. 55

4
Zschokke, Walter (2006): »Wie gestern morgen aussah«. https://www.nextroom.at/building.php?id=14021 (letzter Zugriff: 09.03.2022)

5
Uhl, Ottokar: *Ottokar Uhl. Nach allen Regeln der Architektur.* Wien 2005, S. 59

Nach dem zweiten Weltkrieg lag Europa in Schutt und Asche, die Wohnungsnot war gravierender denn je, man setzte auf industrielle Bauweisen. Zunehmende Optimierung ermöglichte einen extrem raschen Wiederaufbau. Die Idee des Bauhauses pervertierte sich gleichermaßen ins Monströse. 1959 plante Walter Gropius die Gropiusstadt in Berlin konsequent nach CIAM-Kriterien, Funktionalismus pur. Die drogensüchtige Christiane F., ein Kind der Gropiusstadt, verhalf dem Bauprojekt schließlich zu trauriger Berühmtheit: Die Gropiusstadt wurde zum Synonym für die Schwächen einer Bauweise, deren Realität die negativen Vorurteile noch übertraf. Die spektakuläre Sprengung der Anlage Pruitt Igoe (1972) im amerikanischen St. Louis von Minoru Yamasaki, dem Architekt des World Trade Centers, versetzte ihr den Todesstoß. Weltweit entstanden zwar weiterhin Plattenbauten, die Utopie vom kostengünstigen, lichten, luftigen Wohnen für alle schien aber gescheitert. Ich wage daher die These aufzustellen, dass sich Architektur nicht an Industrie, Baunormen und Politik auslagern lässt.

Immer wieder gab und gibt es Architekt*innen, die beharrlich eigene Wege gehen. Architekt Ottokar Uhl, ein Vorreiter der österreichischen Partizipationsbewegung, kombinierte den Wunsch, künftigen Nutzer*innen möglichst viel Mitbestimmungsrecht einzuräumen, mit der damals neuesten EDV. Die niederländische Methode S.A.R. beruhte auf einer konsequenten Trennung der Primärstruktur (tragende Bauteile, Erschließung, Versorgung) und des Ausbaus, womit die Nutzer*innen in einem vorgegebenen Grundsystem ihre Wohnung individuell gestalten konnten.[3] Ottokar Uhl und Jos Weber wandten dieses Prinzip in ihrer innovativen Anlage »Wohnen morgen«[4] im niederösterreichischen Hollabrunn (1968) an. Bei »Wohnen mit Kindern« unterstützte der Architekt die Bewohner*innen vor allem bei der Realisierung ihrer Wünsche. Von Planungsbeginn (1981) bis zum Einzug fanden 123 Gruppensitzungen, zwanzig Baustellenbesprechungen und 131 Einzelberatungen statt.[5] Dieses Projekt war in der Architekt*innenschaft sehr umstritten – weil es jeder gängigen Ästhetik widersprach. Heute boomt die Partizipation wieder. Nach der Fertigstellung ihres ersten geförderten Wohnbaus orientierten sich Katharina Bayer und Markus Zilker vom Wiener Architekturbüro einszueins architektur um und stellten die Partizipationskultur auf neue Beine. Diverse Methoden zur Entscheidungsfindung führen zu kürzeren Prozessen sowie klareren Zuständigkeiten und festigen das Gemeinschaftsgefühl. Ihr erstes Projekt, das *Wohnprojekt Wien* (2013), wo auch ihr Büro beheimatet ist, zog viele weitere nach sich.

Als ökologisches Bewusstsein noch in die belächelte Birkenstock-Schlapfen-Schublade geschoben wurde, erforschte der Wiener Architekt Georg Reinberg bereits das Bauen mit der Sonne. 1983–1984 realisierte er als erstes Projekt ein partizipatives Mehrfamilienhaus in Purkersdorf, in dem er bis heute wohnt. 2021 setzte er für den Verein Bikes and Rails ein *habiTAT*-Projekt um. Das *habiTAT* ermöglicht den Bewohner*innen, ein Haus solidarisch selbst zu verwalten. Es ist im Eigentum des Vereins und des *habiTATs*. Das garantiert Wohnnutzung ohne Gewinnabsicht.

In Baugruppenprojekten können Bewohner*innen den eigenen Lebensraum gestalten und mit Gleichgesinnten leben. Sie sind auch bei der Stadt sehr beliebt, weil ihr soziales Engagement positiv in ihre Nachbarschaften abstrahlt. Jedoch setzen sie auch Ressourcen voraus, über die nicht alle verfügen. Es braucht Wissen um die eigenen Wohnwünsche, die Fähigkeit, diese zu artikulieren und sich zu vernetzen – sowie ausreichend Zeit, Geduld und soziale Kompetenz für den Planungsprozess.

In Frankreich verfolgen Anne Lacaton und Jean-Philippe Vassal seit ihrer Bürogründung 1987 beharrlich und still das Ziel, mit wenigen, richtigen Eingriffen schöne Orte zu schaffen. Beim Place Léon Aucoc in Bordeaux bestand ihre Neugestaltung darin, ihn zu lassen, wie er war: ein stimmiger Platz. 2004 veröffentlichten sie mit Frédéric Druot die Studie *PLUS*, die sich vehement gegen die Sprengung und für die Transformation der ungeliebten Großsiedlungen der 1960er- und 1970er-Jahre aussprach. Es gibt sie massenhaft, sie zu erhalten ist auch eine Frage der Nachhaltigkeit. »Abriss ist eine leichtfertige, kurzsichtige Entscheidung. Es ist Verschwendung«, sind Lacaton & Vassal überzeugt. Was sie tun, könnte man als Vergangenheitsbewältigung und Wiedergutmachung bezeichnen. Der 17-geschossige Wohnturm Tour Bois-le-Prêtre von Architekt Raymond Lopez war vom Prestigeprojekt zum Abrisskandidaten geworden. Mit vorgefertigten Modulen an der Fassade erweiterten Lacaton & Vassal die Wohnungen um zwei Meter Loggia, davor ein Meter Balkon. Das schuf den Bewohner*innen wesentlich mehr alltäglicher Lebensqualität, die Miete blieb günstig. Mit den Architekten Fréderic Druot und Christophe Hutin verhinderten sie den Abbruch von drei großen Wohnblöcken in der Cité du Grand Parc in Bordeaux mit 530 Wohneinheiten. Eine Wintergartenschicht vor den Bauten wirkt als Klimapuffer, eine Glasschiebewand bildet den Übergang nach innen. Die Wohnungen kommen so zu mehr Licht, Aussicht und einem witterungsgeschützten Extraraum. Kein Umzug, keine Mietkostenexplosion, dafür neues Wohnglück in gewohnter Umgebung – und das alles zu einem Drittel des Budgets für Abriss und Neubau. Lacaton & Vassal wurden 2021 mit dem Pritzker-Preis ausgezeichnet, was zeigt, dass Architektur mit Haltung wahrgenommen und gewürdigt wird. Der Weg aus der Krise hat schon eine Richtung.

Wie wohnen wir morgen?

Strom kommt aus der Steckdose, eine Wohnung fällt vom Himmel. Soweit ist alles klar.

Das Atelierhaus C21 von Architekt
Werner Neuwirth sprengt festge-
zurrte Nutzungsvorstellungen von
Wohnen und Arbeiten.
Fotos: Stefan Müller

Eine Wohnung fällt vom Himmel. So oder so ähnlich könnte das in Wien über lange Zeit und vielerorts wahrgenommen worden sein. Mehr als die Hälfte der Menschen wohnt nach wie vor in Wohnungen, die in der einen oder anderen Form im Zusammenhang mit der Wohnbauförderung oder zu vergleichbaren Bedingungen errichtet worden sind. Die Mietkonditionen sind in ihrer Preisentwicklung langfristig gesichert, zeitlich unbefristet und führen dazu, dass der Großteil der Bevölkerung nicht mehr als ein Drittel des verfügbaren Haushaltseinkommens für das Wohnen ausgeben muss. Erst beim Blick in andere Großstädte wird klar, dass es sich hier um einen Ausnahmefall handelt.

Die Wahrnehmung wird schärfer, seit die Finanzkrise – mit der gebotenen Verspätung – auch in der häufig so bezeichneten *Welthauptstadt des Wohnens* angekommen ist und sich Themen wie Verdrängung, Bodenspekulation und versteckte Armut auch in Wien wieder zurückmelden. Im internationalen Vergleich weist die Stadt zwar nach wie vor sehr günstige Rahmenbedingungen auf, aber es ist klargeworden, dass es neben den zahlreichen gut eingespielten und sehr fein verwobenen Instrumenten und Institutionen verstärkt Innovationen und frischen Wind braucht, damit der gute Versorgungsgrad mit langfristig gesicherten Wohnverhältnissen für möglichst viele Menschen auch für die Zukunft garantiert werden kann. Das wiederum ist auch eine Frage von höchster politischer Bedeutung, haben sich doch die Wiener*innen in einem Ausmaß an die seit der Zeit des Roten Wiens weiterentwickelten Verhältnisse gewöhnt, dass auch nur kleine Abweichungen oder Abstriche zu enormen Protesten führen würden. Und wen interessiert schon ein Blick nach Paris, London oder Berlin?

Dabei könnte gerade dieser Blick in andere Metropolen erhellend sein: Vancouver hat zum Beispiel im Jahr 2018 den Beschluss gefasst, rund zwei Milliarden Dollar in die Implementierung eines sozialen Wohnungssystems zu investieren und sich dabei an Beispielen aus Wien zu orientieren. Die Ursache dafür mag überraschend sein, trifft aber genauso gut auf London und andere Großstädte zu: Jene Menschen, die wesentlich zum Funktionieren urbaner Systeme beitragen und diese am Laufen halten, können sich ein Leben in den großen Städten einfach nicht mehr leisten und müssen so weit nach außen ausweichen, dass sie nicht mehr verfügbar sind, wenn sie gebraucht werden. Das betrifft ganz allgemeine Berufe wie medizinische Dienste, Blaulichtorganisationen und viele andere. Vancouver und Wien sind daher eine Kooperation zum sozialen und energetisch nachhaltigen Wohnbau eingegangen und bauen ein Wien-Haus in

Vancouver und ein Vancouver-Haus in Wien, dessen Entwicklung auch Teil der Internationalen Bauausstellung IBA_Wien 2022 ist.

Ähnliche Entwicklungen sind auch in anderen Großstädten in Gang gekommen: Los Angeles und San Diego wollen zum Beispiel das Problem der permanent steigenden Wohnungslosigkeit angehen und begeben sich dafür auf eine Studien-Tour nach Europa, während Dublin 2021 eine *Affordable Housing Bill* verabschiedet hat, um den steigenden Grundstückspreisen und der damit verbundenen Segregation entgegenzuwirken. Wien hingegen begegnet dem steigenden Druck der internationalen Finanzmärkte durch Einführung einer Widmungskategorie *Geförderter Wohnbau*, die im Falle der widmungsmäßigen Schaffung neuer Flächen für die Wohnnutzung einen erheblichen Anteil für Zwecke des geförderten Wohnbaus zwingend vorschreibt, und das zu einem fixierten Preis, der deutlich unter dem des freien Marktes liegt.

Ein Blick zurück zeigt also: Nichts ist vom Himmel gefallen. Der Einsatz und der Aufwand für die Schaffung leistbaren Wohnraums sind enorm, und die meisten Akteur*innen legen neben ihrer Professionalität auch noch eine gehörige Portion Herzblut in ihre Vorhaben. Nun wirft ein Blick in die Zukunft jedoch die Frage auf: Warum fehlt dann noch so Vieles?

Sind zum Beispiel *Zimmer* noch der richtige Ansatz, um Wohnungen zu planen? Die Wohnungssuche im geförderten Bereich funktioniert unter anderem nach dem Verhältnis [Anzahl der Personen zur Zimmeranzahl], da gibt es wenig Spielraum. Doch gerade die Pandemie hat uns gezeigt, wie notwendig die Umrüstbarkeit auf mehrere oder anders konfigurierte Raumeinheiten sein kann, um im unmittelbaren Wohnumfeld weiter gut über die Runden zu kommen. Viele Beiträge zu jüngeren Bauträger*innenwettbewerben in Wien zeigen, in welche Richtung es gehen kann, und die seit einigen Jahren bestehende Schwerpunktsetzung auf Allein- und getrennt Erziehende hat diese Entwicklung zusätzlich positiv befördert. Letztendlich befinden wir uns mit dieser Fragestellung noch immer nur an der Oberfläche der Aufgabe, wie wir die Vorstellung von *Wohnen* und *Wohnung* so weit überwinden können, dass sie uns nicht automatisch auf unsere gewohnten Muster und damit Lebensformen zurückwirft und dort festnagelt.

Auch die zunehmende zeitliche und räumliche Überlagerung von Wohnen und Arbeiten stellt das herkömmliche Bild einer Wohnung gründlich auf den Kopf. Abgesehen von den Fallstricken, die durch die Auslagerung betrieblicher Arbeitsstätten ins Private entstehen (zum Beispiel durch die Verlagerung betrieblicher Fixkosten und Verantwortlichkeiten für Räume und Infrastruktur in den privaten Bereich, das zunehmende Verschwimmen der Grenzen zwischen Berufs- und Privatleben, etc.), sind bei der Ausarbeitung von Lösungen in diesem Zusammenhang besondere Sorgfalt und soziale Expertise geboten, weil sich das Spektrum der Anforderungen an die Privatheit, die das Wohnen bietet, in der Gesellschaft sehr divers darstellt und Planende wohl nur ein kleines Segment in diesem Spektrum abbilden können.

Ob Architektur diesen Rahmen scheinbar festgezurrter Nutzungsvorstellungen sprengen kann, nicht nur für einige wenige, sondern als genereller Entwurf, als Petrischale für bislang Ungeahntes? Eine Antwort auf diese Frage könnte man beim Betreten des Atelierhauses C21 von Werner Neuwirth in Wien erahnen, wenn sich die Konzepte von Wohnen und Arbeiten fast schelmisch auflösen und einfach einem Raumgefühl Platz geben, das Zufriedenheit auslöst.

Der aktuelle Trend zu *Micro Living* und Mini-Wohnungen geht hingegen in die völlig entgegengesetzte Richtung und kann nicht nur aus diesem Grund wohl keine allgemeine Lösung darstellen, auch wenn dies eine spannende Planungsaufgabe sein mag. Alleine aus Gründen der Menschenwürde können solche Wohnungen, sofern man auf sie angewiesen ist, jedoch weiterhin nicht mehr als einen Nischenplatz verdienen. Trotzdem lässt sich daraus lernen, zum Beispiel im Zusammenhang mit *Wohngemeinschaften*, die sich zunehmender Beliebtheit erfreuen und ebenfalls nach wie vor an eine Reihe von Hindernissen stoßen. Egal, ob es sich dabei um einfache Zusammenschlüsse auf Stockwerksebene handelt, die mit kleineren privaten Einheiten auskommen und dafür gemeinsam genutzte Bereiche in geeignete Räume auslagern, den Gangbereich einbeziehen und sinnvoll nutzen, oder um andere Formen gemeinschaftlichen Wohnens – an Ideen mangelt es nicht, doch noch kann man sich aussuchen, ob es die Bauordnung, der Brandschutz oder die Wohnbauförderung ist, die zu herben Kompromissen zwingen und die ursprüngliche Idee bisweilen unkenntlich machen.

Unabhängig von allen inhaltlichen, technischen oder soziologischen Entwicklungen rund ums Wohnen muss jedoch immer wieder, und besonders beim Blick in die Zukunft, betont werden, dass es bei beim Wohnen nicht vordergründig um eine Handelsware, um ein Finanzprodukt, um Anlegeobjekte oder sogar um die Daseinsvorsorge geht. Es geht darum, dass Wohnen in erster Linie ein Menschenrecht darstellt.

Das versucht auch die IBA_Wien 2022 mit ihren Projekten ins Bewusstsein zu rücken, und das ist mit ein Grund dafür, warum alle, die mit dem oben erwähnten Herzblut ihren Beitrag leisten, ausreichend Raum bekommen müssen, um mit ihrem Handeln auch wirksam werden zu können.

Architektur als Prozess

Abriss, Neubau, Abriss, Neubau: Dieser Zyklus gilt immer noch als die Normalität der Architektur. Das war nicht immer so. Adaptieren, Addieren und Subtrahieren von Substanz waren jahrhundertelang die Regel und sind in den heutigen Zeiten des Ressourcenbewusstseins wieder hochrelevant.

Die Barockstädte im Val di Noto im Südosten von Sizilien sind Teil des UNESCO-Weltkulturerbes, und nicht zu Unrecht. Noto, Modica und Ragusa wurden nach dem verheerenden Erdbeben von 1693 wieder aufgebaut und beeindrucken mit ihrer sandsteinfarbenen Einheitlichkeit barocker Stadtanlagen. Betritt man die dortigen Kirchen und Kathedralen, wird die Begeisterung leicht gedämpft: klinisch weiß, sauber, ordentlich und — man traut es sich kaum einzugestehen — in ihrer Reinheit etwas langweilig.

Ganz anders die Kathedrale von Siracusa, nur wenige Kilometer weiter östlich. Errichtet als griechischer Tempel im fünften Jahrhundert v. Chr., erfuhr das Sakralbauwerk 1200 Jahre später eine Metamorphose, in der die Zwischenräume der umlaufenden Säulen zugemauert und die Wände des Innenraums geöffnet wurden — eine Art räumliche Inversion. Noch heute sind die wuchtigen Säulen sichtbar, die aus den Mauern herausragen. Der aus diesen beiden verschränkten Systemen resultierende Eindruck ist nicht der eines unvorteilhaften Durcheinanders, sondern im Gegenteil von enormer Kraft. Beide Phasen der Geschichte stehen erzählend neben- und ineinander, ergänzt durch die später hinzugefügte hochbarocke Fassade zur Piazza als weitere Schicht.

Architektur als Prozess, als Neben- und Ineinander von eigentlich Widersprüchlichem: Dies ließ sich schon immer in Italien besonders gut beobachten, kein Wunder also, dass Beispiele von hier das argumentative Rückgrat von Robert Venturis *Complexity*

1
Venturis, Robert: *Complexity and Contra-diction in Architecture*, Chicago 1966, S. 68

2
Ebd., S. 64

3
Kuss, Eva: *Hermann Czech: Architekt in Wien*, [Erscheinungsort] 2018, S. 188

and Contradiction in Architecture (1966) bildeten. »Ein pulsierendes Ineinander von Regelhaftigkeit und Zufälligkeit, mit starken Spannungen zwischen Monumentalität und Zweckmäßigkeit, ist tatsächlich ein Merkmal aller Architektur in Italien«,[1] schreibt Venturi. »Ein großer Teil des Reichtums italienischer Städte verdankt sich der Gewohnheit, alle paar Generationen das Innere kommerziell genutzter Erdgeschosse zu verändern. (...) Unsere Gebäude verkraften kaum die Anbringung eines Zigarettenautomaten«.[2]

Diese Worte haben an Relevanz auch nach fast sechzig Jahren nichts verloren. Denn mit dem Erfolg der westlichen Wohlstandsgesellschaft und ihres Wachstumsimperativs hat sich die von der Industrialisierung und der Moderne vorbereitete Fetischisierung des Neuen gegenüber dem adaptierten Alten noch mehr Dominanz erobert. Was »repariert« werden muss, gilt als schadhaft, wenn nicht sogar als Skandalanlass, dem juristisch begegnet werden muss, in jedem Fall jedoch als Wertverlust.

Häuser werden als möglichst makellose Industrieprodukte betrachtet, die sich, wenn sie den Industrienormen nicht mehr entsprechen, durch neuere Produkte ersetzen lassen. Der Bruch der Moderne mit der Vergangenheit schien oberflächlich das Ende eines prozesshaften Architekturverständnis zu bedeuten, doch ist auch dieses Bild ein nachträglich vereinfachtes. Denn zahlreiche Kontinuitäten, Widersprüche und regionale Besonderheiten liefen parallel weiter und beeinflussten selbst die noch so reine industrialisierte Moderne.

Gerade in Österreich hat sich eine Insel des Uneindeutigen bewahrt, eine Traditionslinie des Sowohl-als-auch, die über Josef Franks Akzidentismus bis zu Hermann Czech verläuft. »Je mehr wir vom Vorhandenen begreifen, desto weniger müssen wir uns in Gegensatz dazu bringen, desto leichter können wir unsere Entscheidungen als Fortsetzung eines Kontinuums verstehen. Ein Umbau ist interessanter als ein Neubau – weil im Grunde alles Umbau ist«,[3] schrieb Czech 1973 in seinem Essay »Zur Abwechslung«. Die Innenräume von Czech sind voll von Referenzen und Schichten, die eine vorhandene historische Tiefe weiter anreichern oder eine neue erzeugen, indem sie wirken, als seien sie »schon immer dagewesen«.

Wenn Josef Frank, so Czech 2016 anlässlich der von ihm kuratierten Ausstellung, sage, dass man sich an zufällig entstandenen Orten wohler fühlt als im »designten« Raum, »dann ist das ›Zufällige‹ ja durchaus aus Absichten entstanden, von einzelnen oder sogar vielen Leuten, aus Motivationen, die später aber nicht mehr nachvollziehbar sind und insofern etwas Fremdes darstellen, was eine gewisse Beruhigung ergibt. Frank sagt anlässlich seiner Wohnung in Wien, die teilweise von Dachschrägen geformt war, dass sie eben dadurch ›angenehm und

119

4
Ebd., S.133

unpersönlich‹ wirkt. Das ist ein eigenartiger Gegensatz – wieso ist etwas zugleich angenehm und unpersönlich? Weil man zwar nicht weiß, warum etwas so aussieht, aber es offensichtlich doch einen Grund, eine Substanz hat«. Für Czech (wie auch für Frank) beschränkt sich diese Stärke des Akkumulierten und nie ganz Durchschaubaren nicht nur auf den Innenraum, sondern auch auf den urbanen Maßstab: »Das Vorhandene ist die Stadt. Sie ist stärker als alles, was einer in ihr erfinden kann«.[4] Eine Stadt ist keine Tabula Rasa, sondern ein Palimpsest, in das sich jede Architektur einschreibt.

Dennoch werden Kontext und Geschichte auch heute noch gerne ausgeblendet. Intensiviert wird dieser Fokus auf das reine Neue durch die Dominanz des Bildes, in der Architekturvermittlung durch die Fotografie. Von Le Corbusiers bewusst inszenierten Fotografien der 1920er Jahre über Julius Shulmans gestochen scharf auf Papier gebannte Case Study Houses in Los Angeles bis zur Bilderflut via Instagram heute: Das gut gerahmte, gefilterte, bildbearbeitete Neue ist fürs Auge binnen Sekunden erkennbar und konsumierbar. Der Text, die Skizze, die Raumerfahrung vor Ort, die zeitliche Einordnung, all das braucht länger und vermittelt keine solch einfachen, eindeutigen Botschaften. Es ist kein Wunder, dass Architekt*innen wie MVRDV, BIG oder Valerio Olgiati mit ihren großen geometrischen Gesten in diesem Biotop bestens gedeihen und beeindrucken, auch wenn diesen Gesten bei näherem Hinschauen oft etwas fehlt, sich eine innere Leere auftut. Kann man sich diesen Purismus mit Gebrauchsspuren vorstellen, oder zerfällt sein preziöses Ganzes dann in Stücke, wenn, wie in Venturis ironischer Anmerkung, jemand einen Zigarettenautomaten dranschraubt?

Eine Art Renaissance und Begriffserweiterung erfährt das prozesshafte Architekturdenken zurzeit durch die Schwerpunktverschiebung in Richtung Materialzyklen und Ressourcenbewusstsein im Kontext der Klimakatastrophe. Der verschwenderisch-sorglose Wachstumsimperativ kommt zunehmend in die Kritik, ebenso wie der enorme Energieverbrauch und CO_2-Ausstoß des Bauens, von der Herstellung der Baustoffe über den Transport bis zum Abbruch und zur Entsorgung. Neue Positionen wie jene der Materialnomaden und des Baukarussells in Österreich, des baubüros in situ in der Schweiz oder von ROTOR in Belgien zeigen hier neue Handlungsmöglichkeiten und eine neue Ästhetik der Bricolage auf. Ein radikaler Paradigmenwechsel ereignet sich: vom Gebäude als brandneues Komplettprodukt hin zum Gebäude als momentane Konstellation von Materialien.

Acht von zehn Nominierten und alle vier Preisträger*innen des im Dezember 2021 verliehenen Staatspreises für Architektur und Nachhaltigkeit waren Umbauten oder Ersatzneubauten. Das ist kein Zufall, sondern ein baukulturelles und politisches Signal auf dem Weg zur angestrebten Klimaneutralität Österreichs bis 2040. Denn um die diesbezüglichen Ziele zu erreichen, ist laut Umweltministerium eine Steigerung der Sanierungsrate von 1,4 auf 3,2 in Österreich notwendig. Georg Bechter baute in Hittisau den Stall seines Elternhauses zu einer Denkwerkstatt um, mit Eisspeicher in der ehemaligen Jauchegrube als energetischem Plus.

Unterschiedliche Phasen der
Geschichte stehen erzählend neben-
und ineinander: Kathedrale Santa
Maria delle Colonne (Heilige Maria
der Säulen), Syrakus in Sizilien.
Foto: Maik Novotny

Zeininger Architekten konzipierten den Smart Block Gebler-
gasse in Wien als Pilotprojekt für die Energiewende im gründerzeitlichen Bestand, Pedevilla Architekten erweiterten die Volks-
schule Frastanz-Hofen zu einem Bildungszentrum, in dem Alt und
Neu eine ideale Synthese eingehen.

Gerade bei Bildungsbauten, wo neue Raumbedürfnisse
und pädagogische Konzepte häufige und dringende Adaptierungen verlangen, sind in den letzten Jahren zahlreiche Beispiele für
ein vorbildhaftes Weiterbauen entstanden. Der Bildungscampus
Salzburg aus den 1970er Jahren wurde durch Riccione Architekten mit großem Respekt vor seiner strukturalistischen Sprödheit
erweitert, in Nüziders ergänzten Fink Thurnher den Campus —
ein prägender Bau der Vorarlberger Nachkriegsmoderne der
Architektengruppe C4.

Dieser Shift vom Neubau zum Umbau beschränkt sich
nicht auf Österreich. Auch der BDA Preis (Bund Deutscher Architektinnen und Architekten) Berlin 2021 setzte den Schwerpunkt
auf Bauen im Bestand; drei der vier Preisträger fielen in diese
Kategorie: David Chipperfields Sanierung von Ludwig Mies van
der Rohes Neuer Nationalgalerie, der Umbau des ehemaligen
Gefängnisses Charlottenburg zu einem Hotel durch Grüntuch
Ernst und die Erweiterung der Hochschule für Schauspielkunst
Ernst-Busch von Ortner & Ortner Baukunst. Auf europäischer
Ebene wurden die Adaptierungen von Großwohnsiedlungen
wie Bijlmermeer in Amsterdam und Lacaton & Vassals Erneuerung eines Wohnblocks in Bordeaux mit dem EU Mies Award
ausgezeichnet — Zeichen dafür, dass das Prozesshafte ganz
neue Handlungsfelder eröffnet und neue Haltungen einfordert.
Die ästhetische Dimension von Reparatur, Modifikation, Ergänzung und Schichtung ist noch lange nicht ausgelotet, und gerade
hier finden sich in der Baugeschichte zahlreiche Vorbilder, die
nur auf Wiederentdeckung warten — und dabei muss man nicht
einmal bis in die griechische Antike vordringen.

CHRISTIAN KÜHN

Welchen Wert hat das Experiment?

Die Architekturwelt zerfällt heute in einen marktgetriebenen Sektor, in dem in erster Linie die Profitmaximierung zählt, und in einen ökologischen Sektor, der sich die Mitverantwortung für alle drohenden Katastrophen auflädt. Dazwischen schrumpft zusehends der Raum für das Utopische und das Experiment. Welchen Wert hat das Experimentelle, und wie können wir ihm wieder mehr Raum verschaffen?

Experiment? In der Architektur? Um Gottes Willen, Hauptsache warm und trocken, nur keine Bauschäden und im Sommer nicht zu heiß: Rein quantitativ, gemessen am Bauvolumen, dürfte der Platz für Experimente in der Architektur eher bescheiden sein. Auf die utopische Papierarchitektur und ihre Wirkung komme ich noch zu sprechen – bleiben wir vorerst beim experimentellen Bauen. Hier fällt auf, dass *experimentelle Architektur* ein irritierend abgrenzender Begriff ist. Würde man je von *experimenteller Kunst* sprechen und sie von der sonstigen Kunst unterscheiden? Wohl kaum. Kunst ist Kunst, und die Adjektive, mit denen man sie ergänzt, wie etwa angewandte oder gewerbliche Kunst, deuten eine Beschränkung durch Zwecke oder Perspektiven an, die außerhalb der Kunst liegen. Bedeutet das nicht, dass Architektur, wenn sie Baukunst ist, auf das Adjektiv »experimentell« ebenfalls verzichten kann? Gehen wir dem Begriff auf den Grund, indem wir seine Antinomien untersuchen.

Ein Gegenbegriff von *experimentell* ist *normgerecht*. Es gibt keine *normgerechte* Kunst, auch wenn es Normen für die

1
Loos, Adolf: *Trotzdem, 1931.*
Wien 1982, S. 130

Lagerung und den Transport von Kunstwerken gibt. Kunst ist immer *experimentell.* Auch die Baukunst kann sich in einem Projekt bestimmten Normen unterwerfen, sie kann sogar die Normen zum Thema machen, indem sie Bebauungsbestimmungen zum Ausgangspunkt formaler Überlegungen nimmt. Für ein Werk der Baukunst ist die Norm vergleichbar mit der chemischen Zusammensetzung einer Farbe in der Malerei: nicht belanglos, sogar unverzichtbar, aber für das Kunstwerk nicht wesentlich.

Wo sich Architektur nicht als Baukunst versteht, sondern als Beitrag zur ökonomischen Wertschöpfung, sieht die Sache anders aus: Welche Bank gibt einem Bauprojekt Kredit, das sich ernsthaft und nicht nur zu Marketingzwecken als *experimentell* deklariert? Es geht hier nicht nur um technische oder formale Aspekte, sondern auch um das soziale Experiment, neue Formen des gemeinsamen Planens und des gemeinsamen Wohnens, oder auch alternative, gemeinwohlorientierte Finanzierungs- und Eigentumsmodelle. Hier öffnet sich für das Experimentelle ein Sektor, der nicht unmittelbar zur Baukunst zu rechnen ist, aber dieser Material liefert. Das Resultat sind neue oder veränderte Planungsprozesse, die auf der systemischen Ebene ansetzen und neue Strukturen und Formen anregen können.

Ein anderer Gegenbegriff von *experimentell* ist *dauerhaft.* Vittorio Magnago Lampugnani hat diesen Begriff in seinem Essay »Modernität des Dauerhaften« als Kernbegriff einer konservativen Revolution platziert: Das Bewährte und Erprobte gegen den zwanghaften Erneuerungstrieb. Ähnlich hatte schon Adolf Loos argumentiert: »Genug der originalgenies! Wiederholen wir uns unaufhörlich selbst! Ein haus gleiche dem anderen!«[1] – freilich mit dem Nachsatz, dass man nach hundert Jahren der Wiederholung den Unterschied doch merke. Das heißt, dass es auch im Dauerhaften ein Moment des Experimentellen geben muss, manchmal verborgen, manchmal explizit: Was die Vorarlberger Architekten Baumschlager Eberle unter der Marke »2226« entwickelt haben, also eine klimagerechte Architektur ohne komplizierte Haustechnik, genauer ohne Heizung, Kühlung und mechanische Lüftung, aber mit achzig Zentimeter starken Außenwänden, sieht zwar konservativ aus, erfüllt aber eine Anforderung an das Experimentelle im wissenschaftlichen Sinn, nämlich nach Messbarkeit und Wiederholbarkeit. Voraussetzung dafür ist eine systemische Betrachtung von Architektur, die drei Aspekte miteinander in Verbindung setzt: Das Bauwerk, die Nutzung und das Betriebssystem, also die Steuerung, die dafür sorgt, dass sich die Temperatur im Gebäude in der Bandbreite zwischen 22 und 26 Grad bewegt. Die ersten Prototypen nach diesem Prinzip sind gebaut. Die Messergebnisse zeigen, dass es sich bewährt.

Allerdings ist die Erdenschwere dieser Architektur unübersehbar. Müssen wir unsere Sehgewohnheiten ändern und statt Wänden und Decken Graue Energie, Stoffkreisläufe und komplexe Energieströme sehen? Selbst bei bestem Willen erscheint mir das unwahrscheinlich. Neues Wissen kann zwar die Wahrnehmung verändern, aber nur im Rahmen einer Dynamik der architektonischen Form, die sinnlich und konkret bleibt. Schwer wird schwer bleiben, und die Sehnsucht nach Leichtigkeit und Transparenz, die von der Gotik bis zur klassischen Moderne die Architekturgeschichte geprägt hat, wird nicht verschwinden. Ist es ein Zufall, dass schon in der Gotik Leichtigkeit oft mit gescheiterten Experimenten verbunden war, mit dem Wegnehmen von tragender Materie – so lange, bis die Versuchsanordnung versagt und der Bau einstürzt? Auch von der Schule am Kinkplatz in Wien wird erzählt, dass Architekt Helmut Richter mit seinem Tragwerksplaner Lothar Heinrich jedes statisch wirksame Element auf das gerade noch zulässige Minimum reduzierte. Richters Lieblingsphilosophen waren Ludwig Wittgenstein und Karl Popper – von ersterem konnte er den Gedanken aufgreifen, dass gelungene Architektur eine Geste ist, die mit einem Gedanken korrespondiert, von letzterem, dass Erkenntnis nur durch Falsifikation fortschreitet. Entwerfen war für Richter ein deduktiver Prozess, dessen Ergebnisse sich im Leben zu bewähren hätten, und Bauschäden nichts anderes als Erkenntnisgewinn durch Falsifikation.

Dass der Raum für das Experiment in der zeitgenössischen Architektur geschrumpft ist, hat nicht zuletzt damit zu tun, dass wir uns diesen Prozess nicht mehr leisten können. Das Experiment setzt voraus, dass es einen weiteren Versuch gibt, und danach noch weitere, bis schließlich der Punkt erreicht wird, wenn eine ausreichende Anzahl von Versuchen das Risiko vertretbar erscheinen lässt. Die absehbare Klimakatastrophe gehört allerdings in die Kategorie von Problemen, die Horst Rittel als *wicked problems* beschrieben hat, als bösartige Probleme, die sich vor allem durch eines von den anderen, den *zahmen* Problemen unterscheiden: Für Lösung solcher Probleme haben wir nur eine Chance, einen einzigen Versuch. Der räuberische Umgang mit der Biosphäre, den die industrialisierte Welt seit dem 18. Jahrhundert pflegt, ist ein Experiment im Maßstab 1:1 mit inzwischen absehbarem Ausgang. Die Experimente, die man diesem Großexperiment noch entgegensetzen könnte, müssten radikal sein: ein globales Moratorium für den Bau neuer Gebäude und Anlagen, wie es Charlotte Malterre-Barthes vorgeschlagen hat, oder eine Aussetzung des Flugverkehrs auf allen Kurz- und Mittelstrecken.

Mit solchen Überlegungen betreten wir den Bereich des Utopischen. Wenn unsere Industriegesellschaft die nächsten zwanzig Jahre übersteht und sich die Energietechnik wie in den letzten zwanzig Jahren weiterentwickelt, wird es 2040 Solar- und Windenergie im Überfluss geben – oder zumindest ausreichend, um eine globale Bevölkerung von 9,2 Milliarden Menschen zu versorgen. Wo sind die Architekt*innen, die für dieses Szenario nach einer angemessenen Architektur suchen und dann im Angesicht dieser Zukunft den Weg für die nächsten zwanzig Jahre skizzieren? Und wo sind die Architekt*innen, die untersuchen, welche dystopischen Abzweigungen uns auf diesem Weg bevorstehen könnten? Es wird nicht reichen, die Welt der Zukunft in Zahlen zu fassen. Um die nötigen gesellschaftlichen Kräfte freizusetzen, braucht es Konkretes: überzeugende Bilder zukünftiger Räume, Häuser, Städte und Landschaften sowie Visionen einer Umwelt, in der ein gutes Leben in einer gerechten Gesellschaft möglich ist.

Von der Macht der Bilder und Nichtbilder

Ob Mahnmal, Machtzentrum oder Manipulation auf städtischer Ebene: Die Kenntnis formaler und ziviler Vokabel ist sehr empfehlenswert, denn Architektur ist immer auch ein politisches Statement.

Fragwürdige Symbolik: der Golf Club
Abu Dhabi von Architekt Peter
Harradine. Foto: Kami/arabianEye
FZ LLC auf Alamy Stock Photo

1
Die Aussage stammt aus einem persönlichen Interview mit Arnold Brückner

Putz und Stuckelemente sind abgeschlagen, die Türen- und Fensteröffnungen bis oben hin zubetoniert, die Innenwände und Gewölbedecken zum Teil in so einem Maße durchbrochen, dass das Mauerwerk dem nach außen wirkenden Druck gerade noch standhalten kann, denn im Innern ist das Haus wie ein überdimensionaler Blumentopf bis zum Rand hin mit Erde gefüllt. Das Dach fehlt, ein betonierter Zugkranz bildet den Abschluss, darüber wuchert ein kleines Wäldchen – große, ausgewachsene Bäume als Mahnmal, als Sinnbild eines nicht umzubringenden Lebens.

»Wir wussten, dass wir mit unserem Projekt gegen die Ausschreibungsgrundlagen verstoßen, weil ein Mahnmal oder irgendeine andere Form von Ikonografie ausdrücklich unerwünscht war, und daher war uns auch klar, dass wir keine realistische Chance auf einen Sieg haben, eher sogar disqualifiziert werden«, meint Arnold Brückner, Partner im Wiener Büro KABE Architekten. »Aber das haben wir in Kauf genommen, denn wir wollten mit unserem Projekt aufzeigen, dass es an so einer Adresse unmöglich ist, kein Bild zu produzieren. Jedes Nichtbild, jeder Versuch einer Vermeidung wird unweigerlich zu einer politischen Aussage«.[1]

Brückner bezieht sich auf jenes Haus in der Salzburger Vorstadt 15, 5280 Braunau, in dem am 20. April 1889 einer der größten Völkermörder aller Zeiten geboren wurde. Im Juni 2020 präsentierte der damalige ÖVP-Innenminister Karl Nehammer die Pläne für die Sanierung und Weiternutzung von Hitlers Geburtshaus. Den ersten Platz dieses EU-weiten Architekturwettbewerbs mit vorgeschaltetem Bewerbungsverfahren belegte bekanntlich das Vorarlberger Architekturbüro Marte.Marte. Das Mahnmal von KABE, entstanden in Kooperation mit Springer Architekten, Berlin, wurde mit einem Sonderpreis gewürdigt.

HEISSE FRAGEN, KLEINE STEINCHEN

Seit Kurzem ist die schwarz-weiße Visualisierung, die nach einem Stimmungsbericht vor Ort ohne jeden Zweifel das favorisierte Projekt der Braunauer Bevölkerung gewesen wäre, sogar in der neuen Ausstellung *Hot Questions – Cold Storage* im Architekturzentrum Wien zu sehen. Der Entwurf von KABE und Springer befindet sich in unmittelbarer Nachbarschaft anderer, im weitesten Sinne politischer Positionen. Dazu zählen die 1979 eröffnete UNO-City in Wien von Johann Staber sowie historische Wiener Ringstraßenikonen wie etwa das Rathaus, das Parlament und die Universität, zusammengebaut aus harmlosen Lego-Steinchen.

Verkleinerung und Verniedlichung, so scheint es, ist ein willkommenes Werkzeug, um die politische Dimension von Architektur begreifbar und im Kontext einordenbar zu machen. Das wissen nicht nur die Erfinder der erfolgreichen Serie *Lego Architecture*, die zahlreiche politische Wahrzeichen in aller Welt – vom Weißen Haus über das Brandenburger Tor bis zum Sungnyemun-Tor in Seoul – geschrumpft haben, sondern auch Österreichs Kommissär Christian Kühn, der sich auf der Architekturbiennale 2014 in Venedig mit seinem österreichischen Beitrag *Plenum. Places of Power* eben jenen politischen Zentren der Macht widmete. »Anlässlich der aktuellen Sanierung des Hohen Hauses in Wien

2
Die Aussage stammt aus einem persönlichen Interview mit Christian Kühn

3
Ebd.

haben wir uns angeschaut, wie politische Macht dargestellt wird beziehungsweise welche Formen diese Qualität weltweit einnimmt«, sagt Christian Kühn. »Es geht um Stabilität, Zentralismus, Repräsentation und Macht. Und offenbar wird die Architektur mitunter schamlos missbraucht, um Assoziationsfelder wie die Französische Revolution, die Aufklärung und den Neoklassizismus zu eröffnen – auch dort, wo die vorgesetzte Architektursprache dieser Idee ganz offensichtlich näher ist als die Politik des jeweiligen Landes«.[2]

ZWISCHEN HELSINKI UND PJÖNGJANG

Das Resultat dieser ausufernden Reise ist ein mächtiges Kompendium, in dem die Parlamentsbauten aller Herren Länder präsentiert und miteinander verglichen werden: 196 Regierungssitze von A wie Andorra bis Z wie Zimbabwe, zusammengeschrumpft auf die Größe von Zigarettenschachteln und Bonbonnieren. Es ist daher nicht weiter verwunderlich, dass die Parlamente in Helsinki und Pjöngjang einander zum Verwechseln ähnlich sehen. Nordkoreanische Strategie. Auch William Thorntons Kapitol in Washington, D.C., musste Dutzende Male Pate stehen. »Das ist der Beweis dafür«, so Kühn, »dass sich in unseren Köpfen ein formal-politisches Muster eingeprägt hat, von dem wir uns nicht mehr so leicht trennen können«.[3]

In Abuja, Nigeria, tagt die Regierung in einem weiß-grünen Ding, dem die Ähnlichkeit zum Washingtoner Vorbild kaum abzusprechen ist. In Luanda, Angola, steht eine tomatensuppenrote Kapitol-Kopie, die erst vor wenigen Jahren aus dem autoritären Erdboden gestampft wurde. Und in Melekeok im mikronesischen Inselstaat Palau ragt ein hölzerner Kapitol-Nachbau aus dem Regenwald, der zugleich das einzige Bauwerk der neu gegründeten Hauptstadt ist. Wenn es um Politik geht, wiegt die Vergangenheit oft mehr als die Zukunft.

Noch subtiler, noch unverfrorener, noch hinterfotziger wird der Einsatz und Missbrauch politischer Machtgesten, wenn es sich nicht nur um ein einzelnes Bauwerk handelt – sondern um öffentlichen, städtischen Raum, der meist flächendeckenden Regelungen unterworfen ist. Am aktuellsten und unmittelbarsten zeigt sich dies am Beispiel Russlands. Um die visuelle Kraft etwaigen Widerstands gegen den Ukraine-Krieg im Keim zu ersticken, hat der russische Autokrat Wladimir Putin Demonstrationen und oppositionelle Aktionen im öffentlichen Raum verboten. Geduldet werden lediglich schweigsame Einzelmahnwachen – und oft nicht einmal die.

VOM ÖFFENTLICHEN RAUM ZUR MILITÄRZONE

Eine Meisterin im Unterdrücken öffentlichen Lebens im öffentlichen Raum ist die rechtskonservative Regierung in Polen. Nachdem der einstige Präsident Lech Kaczyński im April 2010 bei einem Flugzeugunglück in Smolensk ums Leben gekommen war, startete im Sejm, der neben dem Senat eine der beiden Kammern des polnischen Parlaments bildet, eine Debatte darüber, wo das Denkmal zu seinen Ehren errichtet werden solle. Entgegen den Expert*innenvorschlägen, das Monument als

Publikumsmagnet zu nutzen und in einer B-Lage zu errichten, beschloss Jarosław Kaczyński, Zwillingsbruder des verstorbenen Politikers, die Statue direkt vor dem Präsidentenpalast auf dem Piłsudski-Platz aufzustellen.

Dafür hätte es, nachdem sich der Warschauer Stadtrat bereits gegen den Bau ausgesprochen hatte, der Bewilligung unterschiedler Stadtplanungsgremien bedurft. Die Wahrscheinlichkeit für einen positiven Ausgang der Causa im traditionell mitte-linksliberalen Warschau war verschwindend gering, und so wurde der Ort mittels eines neu geschaffenen Passus im Militärgesetz kurzerhand aus dem öffentlichen Raum Warschaus herausgelöst und zu einer von allen Baugesetzen befreiten Militärzone erklärt.

Andernorts wiederum hilft Jarosław Kaczyński ausländischen Immobilieninvestoren dabei, das Baurecht und den Denkmalschutz zu umgehen, mischt sich persönlich in die Umbenennung von Straßen ein, deren bestehende Namen ihm aus diversen Gründen ein politischer Dorn im Auge sind, oder lässt einmal im Monat Hauptverkehrsachsen in der polnischen Hauptstadt sperren und Metallzäune ausrollen, um die Bevölkerung in ihren alltäglichen Wegen zu bremsen und auf diese Weise die politische Macht und Einflussnahme des Staates zu demonstrieren.

4
Die Aussage stammt aus einem persönlichen Interview mit Mateusz Halawa

»Das alltägliche Straßenbild in Polen spricht heute eine andere Sprache als früher«, sagt der polnische Soziologe Mateusz Halawa. »Die damit einhergehende Verflechtung zwischen Architektur, Stadtplanung und Politik ist meiner Beobachtung nach befremdlich engmaschig. Man kann förmlich dabei zusehen, wie sich die Grenzen zwischen Staatsführung, Stadtgestaltung und Immobilienwirtschaft mehr und mehr auflösen.« Immer wieder nimmt Kaczyński in seinen Sejm-Reden die Begriffe »städtische Ordnung« und »architektonische Harmonie« in den Mund. »Ob die Nähe zu den Disziplinen so gut ist«, so Halawa, »wage ich zu bezweifeln«.[4]

Politische Architektur hat viele Dimensionen — ob dies nun auf einer konstruktiv erinnernden Ebene, auf symbolisch-visueller Darstellungsebene oder sogar auf Ebene urbaner, soziokultureller Manipulation ist. Ohne jeden Zweifel ist diese politische Form in der Lage, Stadt und Gesellschaft zu beeinflussen. Es ist daher die Aufgabe von Architekt*innen und Auftraggeber*innen, von Behörden und Beirät*innen, von Publikum und Zivilgesellschaft, sich dieser Mittel und Werkzeuge bewusst zu sein — und dieses Bewusstsein zu kultivieren und stets zu aktualisieren.

Wie wichtig die Kenntnis dieser Vokabel ist, beweist ein Ausflug in den Golf Club Abu Dhabi. Das ziemlich mächtige Clubhaus wurde 1998 eröffnet und ist Resultat eines Entwurfs des Schweizer Architekten Peter Harradine, der bereits mehr als 160 Golfanlagen in aller Welt geplant hatte, sowie des in Dubai ansässigen Bauingenieurs Samir Daoud, Design-Principal bei Diar Consult. Trotz jahrzehntelanger Fachexpertise im Bauen ist den beiden Herren im konkreten Fall die Feder entglitten. Der Betonbau weist typische nationalsozialistische Architekturelemente auf, nicht nur im Entferntesten erinnert es an die Fantasien von Hitler und Speer. Dieses Handicap kennt kein Pardon. Architektur ist immer auch ein politisches Statement.

Haben wir denn eine Zukunft?

Status und Perspektiven des Architekturwettbewerbs

Die Uhr tickt. In der Auseinandersetzung mit Problemstellungen der globalen Klimaveränderung wird zunehmend deutlich, dass wir eine Zukunft für uns nicht unbedingt für möglich halten können. Bewegungen wie »Fridays for Future« und »Extinction Rebellion« praktizieren eine der gängigen Praxis zuwiderlaufende Art des Blicks auf unsere Zukunft, einen Paradigmenwechsel im Diskurs um Themen, die keinen Ermessenspielraum zulassen. Das Verlangen nach Wahrheit und Handeln erreicht eine neue Dimension, können wir uns doch heute nicht mehr von der Tatsache davonstehlen, schon vor Jahrzehnten, dem Prinzip der Ökonomisierung aller Lebenszusammenhänge folgend, an entscheidenden Kreuzungen falsch abgebogen zu sein. Stehen wir am Rande des Abgrunds, wie UN-Generalsekretär António Guterres erst kürzlich alarmierend feststellte,[1] oder glauben wir noch immer, mit der Umdeutung von Wachstumsstrategien zu Green Deals den Weg aus der Sackgasse gehen zu können? Die wütende, nicht zu beeindruckende Greta Thunberg sagt dazu nur »Blah, Blah, Blah ...«[2]

1
Guterres, António (21.09.2021): »Rede anlässlich der Eröffnung der Generaldebatte in der UN-Vollversammlung in New York«. https://www.youtube.com/watch?v=x9kce_ciwNI (letzter Zugriff: 09.03.2022)

2
Thunberg, Greta (28.09.2021): »Rede im Rahmen der Youth4Climate-Konferenz in Mailand«. https://www.youtube.com/watch?v=ceIE_ehQhtc (letzter Zugriff: 09.03.2022)

Die Dringlichkeit, die sich aus der multidimensionalen Krise ergibt, ist auch dahingehend zu verstehen, dass wir – wenn wir genau hinsehen – begreifen, dass es für konstruktive Lösungen bereits zu spät ist. Wir sind über den Rand des Abgrunds zumindest in vielen Aspekten biologischer Wechselwirkungen bereits hinaus, und der Schwindel mit dubiosem Emissionshandel oder der Einordnung von Atomkraft als »grüner Energie« führt uns nur nochmals vor Augen, dass mit anachronistischen wirtschaftspolitischen Konzepten kein Staat mehr zu machen ist. Die Bearbeitung des Klimaproblems wird keine Win-Win-Situation. Ökosoziale Wirtschaftsmodelle, die uns via grüner Technologie eine rosige Zukunft mit weiterem Wachstum vorgaukeln, haben sich bereits als falsche Versprechen herausgestellt. In den kommenden zwei Jahrzehnten werden wir daher einen grundlegenden Themenwechsel herbeiführen: von der »Bewältigung der Krise« hin zum »Leben mit der Krise«. Damit werden sich auch die Rahmenbedingungen für Architektur und Stadtgestaltung radikal ändern.

Wir werden viel kreative Energie benötigen, um hier irgendwie durchzukommen. Für die Zukunft der Architektur ergeben sich daraus neue Ansätze – intellektuelle Herausforderungen, die in einer interdisziplinären Ausrichtung zu neuen Handlungsfeldern führen können. Dafür braucht es jedoch einen Paradigmenwechsel im Diskurs, im Selbstverständnis, in den Methoden der Durchsetzung zukunftsfähiger Konzepte. Es ist hinlänglich bewiesen, dass Architektur wirksame technische Lösungen für ökologische Anforderungen liefert. Das allein zeigt jedoch keine sinnvolle Perspektive, solange die Arbeit von Architekturschaffenden den Prämissen einer Ideologie unterliegt, die ausschließlich mit Wachstum, Konsum und ökonomischen Zwängen operiert. Ein neues Verständnis, eigentlich eine konkrete Vorstellung von Qualität tut not. Darin sollten in einem umfassenden Sinn der Status, die Inhalte und Aufgaben von Architektur neu zu interpretieren sein. Mehr denn je sollten auch in der Architektur die Jungen gehört und ihre Potentiale gefördert werden. Hierin liegen Projekte wie das »Neue Europäische Bauhaus«, das auf der Ebene der Europäischen Gemeinschaft einen ganzheitlichen, interdisziplinären Gestaltungsansatz verfolgt, sicherlich richtig. In der Vernetzung von Forschung, Wissenschaft und Kunst kann der Anspruch auf Qualität und Verantwortung in allen gesellschaftlichen Bereichen kommuniziert werden.

Wenn wir im Kontext einer notwendigen Selbstvergewisserung in der Architektur, ja in kreativen Berufen und über die Grenzen einzelner Disziplinen hinwegsehend, die Möglichkeiten betrachten, für die anstehenden globalen Probleme tragfähige Lösungen abseits ausgetretener Pfade zu finden, dann sehen wir das Prinzip des Wettbewerbs an sich und in der spezifischen Ausgestaltung den Architekturwettbewerb als starkes Instrument, Konzepte unter objektivierbaren Qualitätskriterien zu entwickeln. Der Architekturwettbewerb ist das Forschungs- und Experimentierfeld kreativer Disziplinen; er stellt neben seiner ästhetischen Ausrichtung ethische und gesellschaftspolitisch relevante Ansprüche und seine primären Inhalte sind eng mit wesentlichen Fragestellungen unseres Gemeinwesens verknüpft: Wohnen, Bildung, Verkehr, Mobilität, Umwelt, ...

Der Architekturwettbewerb nimmt insofern eine Sonderstellung ein, als er im Verhandeln geistig-schöpferischer Leistungen nahe an den Phänomenen selbst bleibt und daher radikal gegenwärtig und weitgehend immanent argumentiert. Mit dem Prinzip der Anonymität werden die Verhältnisse der teilnehmenden Planungsteams bewusst ausgeblendet; der Diskurs fokussiert auf die Qualitäten der Gestaltungskonzepte selbst, frei von anekdotischen Aspekten, wie sie zuweilen in vergleichbaren Bereichen, von der Kunstkritik bis zu den Kulturwissenschaften, als Ballast mitgeführt werden. Der Prozess der Benennung und Selektion von Qualität bleibt im Wettbewerb direkt und unbestechlich, sofern die entsprechenden Rahmenbedingungen für fachliche Expertise, Chancengleichheit und Transparenz in der Auseinandersetzung mit den vorgelegten Konzepten gegeben sind. Wesentlich ist der imaginative Charakter der Projekte im Wettbewerb; sie zeigen mögliche, aber nach den Kriterien der Aufgabenstellung vergleichbare Szenarien als ästhetische, unsere Vorstellungskraft herausfordernde Konstrukte einer in die Zukunft weisenden Entwicklung.

Die Chance, Zukunft radikal anders zu denken, überhaupt einmal die Freiheit eines spielerisch experimentierenden Denkens zuzulassen, wie es im Wettbewerb beispielgebend realisiert werden kann, scheitert allerdings gerade an bürokratischen und formal-rechtlichen Hürden. Wettbewerbe benötigen spezifische Rahmenbedingungen, um zu gelingen. Dazu gehört ein ausreichend großes, differenziertes Feld teilnehmender Planungsteams, Fachexpertise in der Prüfung und Beurteilung der Projekte, transparente und objektivierbare Entscheidungsprozesse sowie ein einigermaßen vertretbares Verhältnis zwischen Verfahrensrisiko und wirtschaftlichen Aussichten für die beteiligten Architektinnen und Architekten. All das ist gegenwärtig nicht in ausreichendem Umfang gewährleistet. Im Überblick der letzten beiden Dekaden nehmen wir eine Fehlentwicklung wahr, die aus der Eingliederung des Wettbewerbs als geistig-schöpferische Leistung in das Regime des Vergabegesetzes resultiert. Das Gesetz verfolgt zwar das hehre Ziel, Auftragsvergaben im öffentlichen Bereich, in dem es um unser aller Anliegen geht, gerecht und frei von Korruption abzuwickeln. Werden jedoch schöpferische Leistungen in die Perspektiven der Vergabelogik eingereiht, beginnt der Sog wirtschaftlicher Sachzwänge und der Einfluss großer Institutionen am Markt verheerend und verhindernd auf die Arbeit Kreativer zu wirken. Das Vergabegesetz ist in Bezug auf kreative Leistungen grundlegend falsch aufgestellt. Es ignoriert in seiner Inkompetenz die immanente Logik künstlerischen Schaffens, definiert wesentliche Begriffe entweder nicht oder führt eine willkürliche Status-Änderung geistig-schöpferischer Leistungen in der Auffassung vom Architekturwettbewerb als Beschaffungsvorgang herbei. So wird mit ungenügenden Voraussetzungen für Wettbewerbe, die sich der Bearbeitung von Gestaltungsaufgaben widmen, und einer grundsätzlich innovationsfeindlichen Einstellung kleinen Büros und insbesondere jungen Architektinnen und Architekten großer Schaden zugefügt.

Vor allem der Nachwuchs, dessen direkte, unverstellte Blicke auf die Probleme der Zeit wir dringend benötigen, wird aktiv behindert, indem der Zugang zu Wettbewerben über wirtschaftliche Kenndaten eingeschränkt wird. Wir sehen heute Verfahren, die zwar als offene Wettbewerbe ausgeschrieben werden, an denen aber die Mehrheit der Architekturschaffenden in Österreich mangels entsprechender Jahresumsätze und geeigneter Referenzen nicht teilnehmen kann. Zur Problematik der Eignungshürden gesellen sich weitere, strukturell wirkende Mängel, die sich vor allem an einer verfehlten Begrifflichkeit festmachen lassen. Es werden beispielsweise unterschiedliche Verfahrensarten nicht eindeutig voneinander abgegrenzt. Die Arbeiten von Planungsteams, die mit hohem Aufwand an Wettbewerben teilnehmen, werden mit Angeboten im Verhandlungsverfahren gleichgesetzt. Blanker Zynismus, wenn man in Rechnung stellt, dass in einem Architekturwettbewerb durchschnittlich zwei Millionen Euro an freiwilliger Planungsleistung stecken. Dazu gesellen sich verfahrenstechnische Probleme wie geladene Wettbewerbe mit lediglich drei Planungsteams oder Preisgerichte, die nur zu einem Drittel mit Fachleuten besetzt sind – Kriterien, mit denen Qualität grundsätzlich nicht zu erreichen ist.

Inakzeptabel ist auch, dass das Vergabegesetz Architekturschaffenden keine durchgängige Rechtssicherheit bietet. Das Vergabegesetz mag im Wortlaut egalitär aufzufassen sein, im Detail wird aber der Eindruck vermittelt, dass den involvierten Expertinnen und Experten keine tragende Rolle im Rahmen von Entscheidungsprozessen zukommt, die primär von ökonomischen Kriterien bestimmt werden.

Stellen wir uns die Frage, was nun zu tun wäre, so ist zunächst an den allgemeinen Status architektonischer Praxis, an die Flexibilität und Spannweite des Berufsbilds zu denken. Die Kompetenz Architekturschaffender, unterschiedliche, auch divergierende Disziplinen zusammenzuführen, ist eine wertvolle und im Lichte der skizzierten Probleme unverzichtbare Fähigkeit, die wir mit Freiheit fördern und anspruchsvollen Rahmenbedingungen herausfordern sollten. Es liegt auch in der europäischen Tradition, historischen Aufgaben mit Qualitätsmechanismen zu begegnen. In diesem Sinne liegen die Lösungsansätze für alle denkbaren gesellschaftlichen Probleme in der Kohärenz kulturellen Denkens, also in kreativen Prozessen, denen erlaubt wird,

3
International Union of Architects

4
Rechtsinformationssystem des Bundes (RIS) (Stand 2022): »Staatsgrundgesetz, Artikel 17a«. https://www.ris.bka.gv.at/GeltendeFassung.wxe?Abfrage=Bundesnormen&Gesetzesnummer=10000006#:~:text=Artikel%2017a.,sowie%20deren%20Lehre%20sind%20frei (letzter Zugriff: 15.03.2022)

sich ganzheitlich und in neuen, auch unerprobten transdisziplinären Zusammenhängen zu bewegen. Dazu gehört auch der Architekturwettbewerb als konzeptionell und prozesshaft aufzufassender Gestaltungsmechanismus, der die Freiheit des Geistig-Schöpferischen zugleich bewahrt und Qualitäten präzise benennt. Dies gelingt im Vertrauen auf die Expertise der involvierten Fachleute, durch Delegation von Entscheidungen an die Preisgerichte, die kein wie immer gemeintes Gesetz dazu bringen darf, ihre Unabhängigkeit, Unvoreingenommenheit und künstlerische Seriosität zugunsten ökonomisch-bürokratischer Vorgaben einengen zu lassen.

In diesem Kontext kann, vorerst zumindest theoretisch, aber doch mit der Perspektive auf konkrete politische Forderungen, über eine formell klare Trennung von konzeptionellen Vorarbeiten im Rahmen des Wettbewerbs und konkreten Auftragsvergaben über ein nachfolgendes Verhandlungsverfahren nachgedacht werden. Die Leistungen in der Konzeptphase des Wettbewerbs, die derzeit weitgehend unentgeltlich erbracht werden, wären damit unabhängig von der in Aussicht gestellten Vergabe eines Planungsauftrags neu zu bewerten. Mit dieser notwendigen Entkoppelung des Gestaltungswettbewerbs von Vergabeprozessen – de facto an sich gegeben, de jure anders aufgesetzt – erscheint es möglich und an sich zwingend, dass Architekturschaffende sich wieder das Recht im eigenen Haus verschaffen. Es ist in der Sache selbst, aber auch gesamtgesellschaftlich und ökonomisch nicht argumentierbar, dass andere als die in Gestaltungsfragen Kompetenten und Befugten in so wesentlichen Disziplinen wie Stadtgestaltung, Architektur, Landschaftsplanung und allen daran geknüpften, gestaltungsrelevanten Teilbereichen entscheiden, während Architektinnen und Architekten, befugte Fachleute mit hochwertiger akademischer Ausbildung, für die Teilnahme an Wettbewerben ihre Eignung gesondert nachweisen sollen.

Generell sind Strategien zu entwickeln, wie die Grundsätze des Wettbewerbsstandards Architektur – warum nicht verstärkt durch die Empfehlungen und Regelwerke von UIA[3] und UNESCO – in der konkreten Wettbewerbspraxis durchgesetzt werden können. Natürlich sind dabei auch übergeordnete gesellschaftliche Werte wie Teilhabe, Gleichbehandlung, Transparenz und Objektivität in die Überlegungen und Entscheidungen einzubeziehen. Für das Berufsbild Architektur erscheint es allerdings unerlässlich, die verfassungsmäßig garantierte Freiheit der Kunst[4] vor das Vergabegesetz zu stellen, das im Kontext von Vorentwurfskonzepten zu Gestaltungsaufgaben die falschen Kriterien vorgibt. In diesem Zusammenhang ist auch immer wieder darauf hinzuweisen, dass auch den öffentlichen und privaten Auftraggeberinnen prinzipiell und in einer tragfähigen Perspektive für die Zukunft daran gelegen sein muss, nur das jeweils beste Projekt, die vergleichsweise beste Lösung für die gestellten Aufgaben zu akzeptieren. Die Potentiale eines Wettbewerbs werden in diesem Sinne nur dann voll ausgeschöpft, wenn die Verfahren breit aufgesetzt und ein niederschwelliger, offener Zugang sowie eine objektive Beurteilung anonym eingereichter Projekte durch Fachleute gewährleistet sind.

Universitas – gibt's das noch?

Universitas – dieses lateinische Wort bedeutet die Gesamtheit, das Ganze, und es trifft besonders auf Architekt*innen zu. Als *uomi universali* steuern sie lösungsorientiert, moderierend, kritisch bewertend und allumfassend Planungs- und Realisierungsabläufe und treffen Entscheidungen. Dafür sind sie universal ausgebildet und per Eid als Ziviltechniker*innen befugt und haftbar. Soziale Kompetenz und Teamfähigkeit sind wesentliche Bestandteile des Berufsbildes und des Berufsstandes.

Architekt*innen prägen das Lebensumfeld der Menschen maßgeblich und tragen somit wesentlich zur Lebensqualität bei. Als Generalist*innen finden sie zeitgemäße kreative Antworten auf die von der Gesellschaft gestellten Gestaltungsaufgaben am Stand der Technik und sind den Ansprüchen der Baukunst verpflichtet. Ressourcenknappheit, Bodenversiegelung, Verdichtung von Städten, klimagerechtes Bauen, Revitalisierung und die Umgestaltung von Bestandsbauten werden zunehmend von Politik und Gesellschaft thematisiert, und Architekt*innen entwickeln dafür in interdisziplinären Teams innovative Lösungen.

Ihre zentrale Kernkompetenz liegt in zahlreichen Themenbereichen der Architektur wie Städtebau, Landschaftsarchitektur, Hochbau und Konstruktion, Wohnbau, Raumgestaltung, Gebäudelehre, Denkmalpflege und Bausanierung, Objektdesign, Architekturtheorie, Kunstgeschichte, Bauforschung, Bauma-

Die neun Ausbildungsstätten für Architektur in Österreich sind die Akademie der bildenden Künste Wien, die FH Kärnten, die FH Campus Wien, die FH Joanneum, die Kunstuniversität Linz, die Technische Universität Graz, die Technische Universität Wien, die Universität für angewandte Kunst Wien und die Universität Innsbruck

2

Alle von Architekt*innen im Rahmen ihrer Berechtigung ausgefertigten und bestätigten Urkunden wie Baubewilligungen, Gutachten, Berechnungen, Pläne oder Zeugnisse gelten als öffentliche Urkunden. Dieses Privileg sowie die strikte Trennung von Planung und Ausführung, aber auch die damals geschaffenen *Rechtsregeln des Freien Berufsstandes* gehen auf die von Kaiser Franz Joseph I. erlassene kaiserliche Verordnung von 1860 zurück und sind in weiten Grundzügen bis heute gültig

nagement und im Computer Aided Design (CAD). Dieses gesamtheitliche Berufsbild prägt seit Jahrhunderten die zentraleuropäische Baukultur. Der universitären Ausbildung folgt in der Praxis und im Lifelong Learning die nach Neigung fokussierte Spezialisierung und Vertiefung.

Die Komplexität der Aufgaben, ja die Verantwortung über den gesamten Planungsprozess erfordert reife Persönlichkeiten, weshalb Persönlichkeitsbildung, kritisches Denken und Haltung sowohl in der Ausbildung als auch in der Praxis essenzielle Bestandteile des Berufsbildes sind. Nicht zuletzt sind diese in den gesetzlich vorgeschriebenen Berufspflichten und Standesregeln festgeschrieben. Architekt*innen vertreten als freie und unabhängige Ziviltechniker*innen die Anliegen der Auftraggeber*innen in allen Phasen des Planungsprozesses auf der Grundlage ihrer ethischen und künstlerischen Position sowie der geltenden Gesetze.

DIE AUSBILDUNGSSITUATION IN ÖSTERREICH

In Österreich gibt es mittlerweile neun Ausbildungsstätten für Architektur: sechs Universitäten und drei Fachhochschulen.[1] Pro Jahr beginnen rund 2.500 Erstsemestrige das Studium und insgesamt gibt es mehr als zehntausend Studierende sowie jährlich tausend Bachelor- und Master-Absolvent*innen und eine schockierende Drop-out-Quote von fünfzig Prozent und mehr. Pro Jahr absolvieren nach dreijähriger Praxis rund zweihundert Personen den *Ziviltechnikerkurs*, der Voraussetzung für den Anspruch auf Verleihung der Befugnis und Vereidigung ist. Äußeres Zeichen von Architekt*innen ist das Siegel mit dem österreichischen Bundeswappen, mit dem sie Urkunden unterzeichnen.[2] In Österreich gibt es (Stand 2022) 4.502 Architekt*innen (natürliche Personen und Gesellschaften) mit ausübender und 1.403 Architekt*innen mit ruhender Befugnis.

1999 wurde mit der Bologna-Erklärung eine Umgestaltung der universitären Ausbildungswege in Gang gesetzt. Ziel war es, Mechanismen für eine nachhaltige Qualitätssicherung in Verbindung mit der Entwicklung geeigneter Vergleichsmaßstäbe zu schaffen, die Mobilität Studierender zu fördern und eine länderübergreifende Anerkennung und Harmonisierung von Studienmodellen sicherzustellen. So bietet etwa seit 2006 die Technische Universität Wien alle Studien nach der europaweit gültigen Bologna-Architektur (Bachelor – Master – Doktorat) an und führte das European Credit Transfer System (ECTS) ein. Neben den Pflichtfächern werden freie Wahlfächer und »Soft Skills« unterrichtet, und Voraussetzung und Eignungstest für das Studium ist das Bestehen der StEOP (Studieneingangsorientierungsphase). Partnerschaften mit internationalen Universitäten bieten Möglichkeiten zur Absolvierung von Auslandssemestern und Double-Degree-Programmen.

POSITIONSPAPIER DER BERUFSVERTRETUNG

Um einen Überblick zur Situation der heimischen Architekturausbildung zu erhalten, hat die *Bundeskammer der ZiviltechnikerInnen* ein Positionspapier erarbeitet, um das so wichtige

3
Richtlinie 2005/36/EG des Europäischen Parlaments und des Rates vom 7. September 2005 über die Anerkennung von Berufsqualifikationen

gesamtheitliche Berufsbild der Architekt*innen zu erhalten. Die umfassende Grundausbildung mit der Möglichkeit zur Spezialisierung in Teilgebieten soll gewährleistet und die Architekturbefugnis in vollem Umfang durch hochwertige Ausbildung in allen zur Architektur gehörenden Fachgebieten durch einen regelmäßigen und vertieften Austausch zwischen Forschung, Lehre und Ausbildung gesichert bleiben.

Gemäß dem *Ziviltechnikergesetz* wird die Befugnis nur für jene Fachgebiete verliehen, die Gegenstand des Masterstudiums sind. Der Umfang richtet sich nach dem absolvierten Studium und dessen Studienplan – wird also etwa Hochbau nicht unterrichtet, darf er später auch nicht angeboten werden. Die Ausbildungsstruktur wirkt sich demnach direkt auf das Berufsbild aus. Es ist daher essenziell, dass die Ausbildung die gesamte Bandbreite des Architekturberufs abbildet. Das hochbautechnische, konzeptionell konstruktive, umsetzungsrelevante Können ist für die Sicherung der Qualität ein zentrales Element. Ebenso muss der Städtebau mit der räumlichen Gestaltung aller funktionalen, sozialen, technischen, ökologischen und ökonomischen Aspekte als wichtige baukulturelle Tätigkeit Aufgabe der Architekt*innen bleiben.

Die gegenwärtig zu beobachtende Zergliederung des Architekturberufs gefährdet diesen holistischen Ansatz im Entwurfsprozess, weshalb das Studium mit einer universalen, qualitativ hochwertigen Grundausbildung und deren Anerkennung im gesamten europäischen Raum unbedingt sicherzustellen ist.

Die Kriterien, die eine Ausbildung aufweisen muss, um als Architekturausbildung anerkannt zu werden, sind in der EU-Berufsqualifikationsanerkennungsrichtlinie 2005/36/EG[3] geregelt. Nur wenn diese Kriteren, die auch explizit die städtebauliche Planung und Gestaltung beinhalten, erfüllt sind, liegt eine EU-konforme Architekturausbildung vor.

Auch seitens der UIA (International Union of Architects) werden Mindeststandards für die Ausbildung empfohlen. Gemäß der *UIA/UNESCO Charter for Architectural Education* ist das grundlegende Ziel der Ausbildung ebenfalls die Entwicklung der Architekt*innen zu »Generalist*innen«.

Um die Befugnis als Generalist*innen sicherzustellen, ist die *Bundeskammer der ZiviltechnikerInnen* als Berufsvertretung in einen Dialog mit den Ausbildungsstätten getreten, um die relevanten Schlüsselfächer in der Ausgestaltung der Studienpläne zu verankern. Ergänzend sollen für die *Ziviltechnikerprüfung* erforderliche Fächer – etwa österreichisches Verwaltungsrecht, Betriebswirtschaftslehre oder Berufs- und Standesrecht – in die Studienpläne aufgenommen werden. Universitäten und Fachhochschulen werden gebeten, künftige Studienpläne für das Fachgebiet Architektur den Architektursektionen der Berufskammer vorab zur Begutachtung vorzulegen, um die Expertise von in der Berufspraxis stehenden Ziviltechniker*innen einzuholen.

Ebenfalls anzustreben ist auch eine Verankerung und Ergänzung des an der Universität erworbenen Wissens durch Praktika während des Studiums. Auf Anregung der Berufsvertretung ist im *Ziviltechnikergesetz 2019*[4] vorgesehen, dass während des

4
Rechtsinformationssystem des Bundes (RIS) (Stand 2022): »Bundesgesetz über Ziviltechniker (Ziviltechnikergesetz 2019 – ZTG 2019«. https://www.ris.bka.gv.at/GeltendeFassung.wxe?Abfrage=Bundesnormen&Gesetzesnummer=20010625 (letzter Zugriff: 18.03.2022)

5
Der Universalmensch (italienisch *uomo universale*) ist ein Idealbild des Menschen, das zur Zeit der Renaissance, angelehnt an Vorbilder aus der griechisch-römischen Antike, entstand. Ein Universalmensch ist im Sinne des Humanismus vielseitig gebildet, aufgeschlossen und unabhängig von kirchlichen Dogmen. Er ist schöpferisch tätig und lebt idealerweise in Harmonie mit der Natur. Leon Battista Alberti und Leonardo da Vinci gelten als typische Verkörperungen eines Universalmenschen

Masterstudiums absolvierte Praxiszeiten bis zu einem Ausmaß von zwölf Monaten auf die für den Berufszugang erforderliche dreijährige Berufspraxis vor der *Ziviltechnikerprüfung* angerechnet werden.

Eine weitere Forderung betrifft die Transparenz bei der Besetzung von Universitätsprofessuren, da diese die Ausbildung maßgeblich prägen. Dabei ist auf die Tradition der international wahrgenommenen und bedeutenden österreichischen Baukultur zu achten, die nicht verloren gehen sollte.

WUNSCHZIEL: *UOMO UNIVERSALE* [5]

Eine 2022 von der Berufsvertretung in Auftrag gegebene Befragung unter lehrenden und praktizierenden Architekt*innen zur Ausbildung ergab unter anderem, dass mehr als vierzig Prozent der Befragten bei Studierenden ausreichend Zeit und Möglichkeit zur Persönlichkeitsbildung sehen. Zu wenig praxisnah finden das Bildungsangebot nur die Hälfte der praktizierenden Architekt*innen. Kritisch wird das straffe Studienprogramm in der Regelstudienzeit gesehen, das kaum Zeit für Praktika und Auslandssemester lässt. Mehrheitlich meinen die Befragten, dass das Absolvieren von Praktika mit ECTS-Punkten honoriert werden sollte. Wert gelegt wird auf ausreichende Kompetenzen vor allem im Planzeichnen mittels CAD und in allen für Generalist*innen im Hochbau und der Baukonstruktion notwendigen Feldern.

Auf ihrem Weg zu selbständig praktizierenden Architekt*innen brauchen die idealen Mitarbeiter*innen zur Lösung der komplexen Aufgaben einen stabilen Charakter, müssen verantwortungsbewusst sein, vernetzt denken können und professionelle Kommunikation beherrschen. Dafür sind sie als Generalist*innen ausgebildet, eben *uomi universali*.

Architektur und kein Ende

Vom einsamen Schaffen zum gemeinsamen Hervorbringen

Scrollt man durch die Mitgliederseite der IG Architektur, so besteht kein Zweifel: Architektur ist ein weites Feld, und der Anspruch der IG Architektur, Architekturschaffende zu vertreten, öffnet dieses Feld noch weiter. Alleine unter den Mitgliedern der IG Architektur findet sich — ganz abgesehen von der unterschiedlichen Größe der Büros und ihrer Projekte — eine große Bandbreite an inhaltlichen Schwerpunkten. Diese reichen vom Städtebau über »klassische« Gebäude bis zur reinen Forschung. Manche Büros setzen künstlerische Schwerpunkte, andere konzentrieren sich eher auf den Ingenieurbereich, und wieder andere sind im Projektmanagement angesiedelt. Ich kenne Absolvent*innen, die sich auf Architekturfilme spezialisiert haben, die Software entwickeln oder die ihren Beitrag zur Entwicklung von Weltraumarchitektur leisten und hier eng mit Institutionen wie der European Space Agency (ESA) zusammenarbeiten.

In Gesprächen mit Kolleg*innen wird immer wieder die mangelhafte Ausbildung in der Architektur kritisiert. Sieht man aber, was die Beschäftigung mit dem Thema Architektur möglich macht, so lässt sich eine Art »konkreter Universalismus« herauslesen, der mit Begeisterung verschiedenste Beiträge zur Gestaltung der menschlichen Umwelt leistet.

Um auf diesen die Architektur kennzeichnenden Universalismus näher einzugehen, möchte ich mich zurückarbeiten – also von der Zukunft in die Vergangenheit gehen. Wie sich die Zukunft im Allgemeinen gestalten wird, ist gerade heute angesichts weltweiter Krisen – Klimawandel, Pandemien, militärische Auseinandersetzungen – mehr als ungewiss. Mit Blick auf die Zukunft des Bauens aber reduziert sich gerade heute die so wesentliche Nachhaltigkeitsdebatte auf vordergründig energetische Fragen. Bei näherer Betrachtung ist Nachhaltigkeit jedoch eine Frage der Kultur.

Ressourcenknappheit zwingt zur Effizienz, zur Ökonomie des Bauens. Knappheit war wohl meist die Norm im menschlichen Dasein, Kultur hingegen war Überfluss, der dieser Knappheit noch in der Not abgetrotzt wurde. Dieses Abtrotzen ist essenziell, um eine menschliche Umgebung zu schaffen, denn so sehr Architektur ihrer physikalschen Wirkung wegen notwendig ist, entfaltet sie doch ihre volle Wirkung erst durch ihre soziale Konstruktion.

Der kulturelle Anteil der Architektur, die künstlerische Leistung, lässt sich nicht messen, nicht einfordern und wohl auch nicht brauchbar bewerten. Natürlich gibt es einen Markt für besonders durchdachte, durchgearbeitete Entwürfe oder für das, was heute vielfach als »Stararchitektur« geschmäht wird. Für den Honorarbemessung sind diese »Ausreißer«, wenn sie denn überhaupt honoriert werden, wenig relevant. Oder, wie mir ein bekannter Professor für Baumanagement einst erklärte: Bezahlt wird der Plan und nicht die künstlerische Entwurfsidee. In einer Branche, in der es schon bei kleinen Bauaufgaben um Summen geht, die Durchschnittsmenschen in ihrem gesamten Leben verdienen, hat dies den unangenehmen Effekt, dass eine kulturelle Nivellierung nach unten in Gang gesetzt wird. Man lässt den kulturellen Anteil weg und erhöht so den Unternehmensgewinn – mit dem kulturellen Anteil meine ich immer auch die Forschung und Entwicklung, das In-Frage-Stellen, und vor allem das Über-den-Tellerrand-Hinausblicken. Mit der kulturellen Nivellierung nach unten geht eine Strukturbereinigung einher: zu immer effizienteren, immer größeren Planungsbüros. Diese Strukturbereinigung wird durch scheinbar anachronistische Institutionen wie die *Kammer der ZiviltechnikerInnen*, aber auch durch NGOs wie der IG Architektur gebremst, die es in einer rein auf Egoismus gebauten Welt eigentlich gar nicht geben dürfte.

Auf diese Weise hat sich in Österreich und generell in Mitteleuropa eine kleinstrukturierte, äußerst diverse Landschaft an Büros Architekturschaffender erhalten. Dies ist zumindest hier nicht zuletzt dem Stellenwert von Architekt*innen und Ingenieur*innen zu verdanken, der ihnen durch ein eigenes Berufsgesetz zugestanden wurde. Dieses Berufsgesetz umfasste bis 1994 auch die Befugnis, Gebäude auszuführen und nicht nur zu planen. Ziviltechniker*innen konnten bis 1994 auch eine Baufirma leiten. Die strikte Trennung von Planen und Bauen sollte Kontrolle und Qualitätssicherung gewährleisten. Angeblich ging man davon aus, dass mit dem EU-Beitritt Österreichs im Jahr 1995 das Errichten von Gebäuden strikt Befugnissen im Gewerberecht zuzuordnen sein wird, das Planen und Entwerfen von Bauwerken hingegen strikt den Ziviltechniker*innen-Befugnissen zugeordnet werden würde. Die unterschiedliche Rechtsstellung begründet sich bis heute unter anderem in der obligatorischen akademischen Ausbildung der Ziviltechniker*innen.

Die Trennung zwischen Planung und Ausführung geht wahrscheinlich bis in der Renaissance zurück, in der die Errichtung der Gebäude durch verschiedene Zünfte erfolgte, und ist damit älter als die Differenzierung zwischen Gestaltung und Technik. Eine Unterteilung der Planungsaufgaben in Architektur, Statik, viel später Bauphysik und noch später Brandschutz – also in künstlerisches oder auch »organisierendes« Entwerfen einerseits und in Ingenierswissenschaften, in Ingenieurwissenschaften andererseits – erfolgte erst im Zuge der Industriellen Revolution.

Mit der Gründung der ersten technischen Hochschule, der École centrale des travaux publics, im Zuge der Französischen Revolution beginnt ein sorgfältiges und gewissenhaftes Bearbeiten und Untersuchen (bau)technischer Spezialprobleme, das sich heute mit über sechzig unterschiedlichen Ingenieurbefugnissen in der österreichischen *Kammer der ZiviltechnikerInnen* niederschlägt – und deren Notwendigkeit und Erfolg unbestritten ist. Die Verfügbarkeit von Spezialwissen durch Expert*innen birgt aber die Gefahr einer »intellektuellen Trägheit« der für die Gestaltung der gebauten Umwelt zuständigen Architekt*innen, was an manchen Architekturfakultäten auch zu einer Reduktion technisch-naturwissenschaftlicher Inhalte geführt hat.

Vor der Renaissance, im Mittelalter, waren nicht nur das Ingenieurwesen und die Kunst, sondern auch das Ausführen und Planen sehr eng miteinander verwoben. Verglichen damit fühlt sich das Berufsbild, das Vitruv in seinen berühmten *Zehn Büchern über Architektur* beschreibt, äußerst modern an. So verlangt Vitruv von angehenden Architekt*innen, sich hinreichend Wissen über die ausführenden Gewerke anzueignen, um diese beurteilen zu können. In der Theorie sollten Architekt*innen laut Vitruv äußerst umfassend gebildet sein: Nicht nur Geometrie und Arithmetik, sondern auch Musik, Medizin, Recht, natürlich Philosophie und andere Wissensgebiete erachtete er als erforderlich. Philosophie umfasste damals auch die Naturwissenschaften. In meiner ersten Vorlesung an der Technischen Universität Wien schockte mich Professor Puchhammer als er meinte: »Als Architekt müssen Sie sich für ALLES interessieren!« Wie wahr!

1
Gary, Gisela (18.02.2021): »Trennung von Planen und Bauen«. https://a3bau.at/ trennung-von-planen-und-bauen (letzter Zugriff: 05.04.2022)

Geht man weiter zurück in der Geschichte, wird unser Wissen über das Berufsbild Architekturschaffender spekulativer, aber das Bild einer Urhütte erlaubt es vielleicht, noch einmal die Essenz des Bauens zu fassen zu bekommen. Natürlich sind unsere Vorstellungen von frühzeitlicher Architektur von Monumenten – Ausnahmebauten – geprägt, vor allem aber von Bauten für die Toten oder für längst vergessene Götter. Heute jedoch bauen wir für die Lebenden. Eine andere Facette des frühzeitlichen Bauens ist die Architektur von Versammlungen: Eine Architektur, die niemand entworfen hat, die aber im Einklang mit dem menschlichen Wesen und der physischen Umwelt steht. Der Kreis um das Feuer in kalten Nächten oder im Schatten einer Baumkrone an heißen Tagen ist ein soziales Gebilde, ein öffentlicher Raum, definiert durch Energie und die Menschen selbst. Weiter auflösen lässt sich die Einheit von Mensch und Raum nicht mehr.

Zurück in der Gegenwart lässt sich eine Gegenbewegung beobachten: Der schon seit längerem gehegte Wunsch der Bauunternehmen, die Trennung von Planen und Bauen zu überwinden, soll die Uhren in eine mittelalterliche Praxis zurückzudrehen[1]. Das ist polemisch ausgedrückt, aber offensichtlich würde es Monopolisierungen erleichtern, wenn Planungen bereits auf bestimmte Bauweisen und Produkte ausgerichtet sind. Mit der durch die jüngste Novelle des *Ziviltechnikergesetzes* ermöglichten »Interdisziplinären Gesellschaft mit Ziviltechnikern« wurde diesem Wunsch in Österreich nun Folge geleistet. Diese Neuerung wird kurzfristig ökonomische Effekte zeigen, aber nichts zur Erneuerung des Bauens beitragen.

Dennoch lassen sich auch solche Entwicklungen subversiv betrachten, nämlich dann, wenn etwa die Herstellung von Bauteilen durch die Möglichkeiten der Digitalisierung (Rapid Manufacturing) direkt in den Planungsprozess integriert wird. Das Produkt verschwindet hier, und es bleibt nur noch Vision (Plan) und Material. Hier könnte es zu neuen und interessanten Verlagerungen von Verantwortung und Zuständigkeiten kommen, die radikal Neues hervorbringen.

Angesichts des Klimawandels, schwindender Ressourcen, epidemischer Katastrophen, für unmöglich gehaltener Kriege und einer durch Populismus vorbereitete, durch diese Krisen erforderliche Re-Regionalisierung bleiben Lösungsvorschläge für zukünftige Herausforderungen derzeit nämlich aus: Niemand weiß aktuell, wie man den sozialen Wohnbau günstiger errichten kann (und dass schon seit Jahren nicht), oder hat eine Vorstellung davon, wie Dekarbonisierung sozial gerecht möglich ist. Seit Neuestem fehlen auch Antworten darauf, wie eine Abkopplung vom russischen Gas schnell und ohne wirtschaftliche Apokalypse möglich ist. Gas galt als Brückentechnologie, aber mit dem russischen Überfall auf die Ukraine wird nun die dafür notwendige Versorgungssicherheit in Frage gestellt und eine neue Knappheit aufgrund des erlahmenden Welthandels droht, ambitionierte technische Lösungen unmöglich zu machen.

Die letzte und erste Ressource, die uns immer zur Verfügung steht, ist menschliche Kreativität. Es gilt, die gesamte Ge-

2
»Insbesondere das 1941 begonnene *Manhattan Engineering District Project*, die Entwicklung der ersten Atombombe, erforderte aufgrund der enormen Verflechtung von Wissenschaftlern und Ingenieuren aus Universitäten, Industrie und Regierung völlig neue Organisationsstrukturen.« Madauss, Bernd-J.: *Projektmanagement, Theorie und Praxis aus einer Hand*, (ursprüngl.: Stuttgart, 2000) Berlin 2017, S. 7

3
Opazom, Daniel: »Kas Oosterhuis: The Expert Formerly Known as the Architect«. In: Materia Arquitectura. #08, 2013, S. 12–17. Online verfügbar unter: http://www.materiaarquitectura.com/index.php/MA/article/view/195 (letzter Zugriff: 05.04.2022)

4
Terzidis, Kostas: *Algorithmic Architecture*. New York 2006

staltung der Umwelt neu zu denken, denn dass das Bauen – das Entwerfen des Zusammenlebens – die entscheidende Rolle im Rahmen einer neuen Ökonomie der Ressourcen spielt, ist evident. Um schnell auf zukünftige Herausforderungen reagieren zu können, sind militärisch organisierte Konzerne[2] zu hierarchisch und zu träge: Durch vertikale Kaskaden der Verantwortlichkeiten lassen sich Ideen mitunter nicht einmal entwickeln. Wären all die vielen kleinen und mittleren Planungsbüros Angestellte, welche Motivation hätten sie, jenseits des Abarbeitens von Routinen Grundsätzliches durchzudenken? Diese Motivation entsteht erst durch Identifikation mit einer Aufgabe, wie sie Ausübende freier Berufe oder Mitwirkende in kleinen, persönlich verbundenen Teams erleben.

Es wird also notwendig sein, schnell und wechselnd zusammenzuarbeiten. Forschung und Entwicklung, das In-Frage-Stellen und vor allem das Über-den-Tellerrand-Hinausblicken werden die essentiellen Tugenden sein, die man Planer*innen abverlangen wird. Um diese Schwärme wechselnder Allianzen und gegenseitiger Unterstützung zu ermöglichen, ist aber ein grundsätzlicher Universalismus in Ausbildung und Praxis erforderlich – sicher immer mit Vertiefungen und Fokus, aber basierend auf dem Vitruv'schen Grundverständnis, diesmal nicht mehr nur für die Ausführenden, sondern für alle Ingenieurfelder. Durch die Fortschritte der digitalen Möglichkeiten im Informationszeitalter kann diese und jede weitere Trennung wie nie zuvor verwischt werden.

Leider geht bei der Digitalisierung derzeit viel Energie und Zeit durch ein Bürokratiemonster namens Building Information Modeling (BIM) verloren. Dabei könnte Programmierung und Rechenleistung einen wesentlichen Teil zur Entdeckung neuer Wege beitragen. Der niederländische Architekt Kas Oosterhuis beschrieb bereits 2013 in einem Interview unter dem Titel »The Expert Formerly Known as the Architect«, welche Utopie diesem bürokratischen Zugang entgegenzusetzen wäre.[3] Derzeit werden diese Systeme – bestenfalls – zur Optimierung von *more-of-the-same* verwendet. Ein Denken *out-of-the-box* ist eher schwieriger geworden. Dennoch werden wir die Digitalisierung nützen und nützen müssen, um im Sinne des Architekten Kostas Terzidis unsere Werkzeuge selbst zu entwerfen[4] – jene Werkzeuge, mit denen wir Lösungen finden, um uns austauschen und vernetzen zu können. Diese Entwicklung wird kommen und das universalistische Berufsbild wird eine Renaissance erleben, denn letztendlich wird es ohne Architekt*innen mit ihrem holistischen Blick gar nicht möglich sein, die Gesellschaft von morgen hervorzubringen.

Oft wird die Frage des Berufsbildes anhand der Bürogröße abgehandelt, man sieht jedoch, dass das nicht entscheidend ist. Vielmehr zählt die Art der Zusammenarbeit – auch menschlich – sowie die Fähigkeit, jede Chance zur Innovation zu nutzen – sei es auf dem Gebiet neuer Planungsmethoden, neuer Kommunikationsformen oder neuer Formen des Zusammenlebens. Dafür braucht es selbständiges Denken, Verantwortungsbewusstsein und Freiheit. Das wird das Berufsbild prägen.

Job oder Berufung?

Sicher gibt es sie noch, die Vollzeit-Architekt*innen; auch unter den Jungen finden sich extraordinär ambitionierte, engagierte und selbstaufopfernde Architekturschaffende, welche sich mit einem intrinsischen Selbstverständnis förmlich in ihrer Arbeit vergessen. Die Frage, ob diese Art Vollblut-Architekt*innen ausstirbt oder nicht, stellt sich nicht. Es wird sie immer geben. Allerdings werden die Qualitäten dieses Selbstbildnisses immer mehr in Frage gestellt, und zwar in erster Linie von den Architekturschaffenden selbst. Wer das Bild der Architekturschaffenden analysieren will, wird um eine umfassende, unbequeme Kritik nicht herumkommen.

Die Entfesselung und Erweiterung des neoliberalen Ich-Begriffs auf »die Arbeit als Leben« geht mit einer Radikalisierung des Architekturbegriffs einher: »Architektur muss brennen«, »Alles ist Architektur«, man fordert »eine neue, alles umfassende Kompetenz für die Architekt*innen«. Durch das Fortschreiten von Spezialisierung, legislativer Komplexität und folglicher Auslagerung diverser Fachplanungen entsteht allerdings eine Diskrepanz zwischen dem, was von Architekt*innen erwartet und eingefordert wird, und den Aufgabenbereichen, denen sich Architekt*innen widmen wollen und können.

Galten früher Architekt*innen als Demiurg*innen, als mächtige und fähige Schöpfende, so werden sie heute eher als notwendige Mühsal auf dem Weg des Willens zum Bauen gesehen. Sie werden nicht so sehr als Freischaffende eingesetzt, sondern als Mittelsmänner und -frauen für die Realisierung der eigenen Vorstellungen. Fachkompetenzen werden ihnen genauso wie der monetäre Wert ihrer Arbeit abgesprochen (oder das, was von ihr übriggeblieben ist).

Das Problem liegt in den Rahmenbedingungen für die Arbeit als Berufung begründet, welche rein neoliberalen Paradigmen unterworfen sind. Das beginnt in der vom Bologna-Prozess durchgetakteten und verschulten Ausbildung und endet in der zwanghaften Optimierung eines Fachs, das sich zu einem großen Teil aus der Muße und Inspiration speist. Die zeitgenössische Idee der transdisziplinär Architekturschaffenden ist ein Produkt des fremdbestimmten Fachdiskurses, welche in der Funktion eines Schweizer Taschenmessers die architektonischen Heilsversprechen herausfordernder Umwälzungen umsetzen soll. Es entsteht der Anschein, als würde man der Architektur alles aufhalsen, was man aufgrund der Komplexität eines Sachverhalts oder des künstlerischen Anspruchs einer Aufgabe selbst nicht recht zu fassen vermag, um sodann den Architekt*innen den argumentativen Boden unter den Füßen wegziehen zu können. Die künstlerische Komponente, die in der Praxis durch Normen, Gesetze, Budgets und Zeitrahmen hintangestellt wird, wird zudem gerne als Legitimierung für die geringschätzige Bezahlung der Profession verstanden.

Was dem Anspruch an Architekturschaffende als eierlegende Wollmilchsäue zusätzlich nicht gerecht wird, ist zum einen deren tatsächlicher schwindender Einflussbereich, zum anderen die Fremdwahrnehmung der Branche. Für Lai*innen sind Architekt*innen zu abgehoben, für Fachplaner*innen zu unwissend und für Auftraggeber*innen zu teuer. Die Erosion, die durch das Hinterfragen des Berufs als Berufung entsteht, ist aber keine gefährliche, wenn es die aktuelle und die kommenden Generationen schaffen, den Berufsstand in angemessenem Maße neu auszuverhandeln.

Es ist eine sich hartnäckig haltende Illusion, davon auszugehen, dass sich am architektonischen Betätigungsfeld und seinem Umfeld nichts ändern wird; beständig waren einstmals einzig die Bauwerke — und diese Metapher eignet sich insofern vorzüglich, als auch die gebaute Architektur selbst nicht mehr ausschließlich beständige Substanz ist. So volatil wie die gesellschaftlichen Umstände, in denen wir als Architekturschaffende handeln, sind, so volatil ist auch das Produkt unseres Entwerfens. Die Ära, in denen Monumente für die sprichwörtliche Ewigkeit entstehen sollten, ist definitiv vorbei. Selbst die ikonischsten Bauten werden mittlerweile auf temporär durchkalkulierte Aushängeschilder kulturellen, touristischen und kommerziellen Marketings reduziert. Politische Architektur ist ohnehin verpönt, Büros betiteln sich lieber als *unideologisch* oder *nicht-referenziell*; man will in keiner Weise anecken; da bleibt nur noch das ästhetische Überraschungsmoment.

In der werbewirksamen Positionierung scheint der einzige Ausweg für Büros darin zu liegen, ein Alleinstellungsmerkmal zu generieren. Die Motive hierfür speisen sich dabei meist aus einem vergangenheitsverklärenden, traditionalistischen Revival des *genius loci* unter der Schirmherrschaft leerer Modebegriffe (wie Nachhaltigkeit oder klimaschonend) oder des selbst auferlegten Dogmas, ein *Signature Building* entwerfen zu müssen.

Dieses Unbehagen des Beschnittenseins ist es wohl, was junge Architekturschaffende zur Reflexion des eigenen Tuns und Wirkungsbereichs drängt. Da sich viele aufgrund der fehlenden Loyalität seitens Arbeit- und Auftragsgeber*innen nicht mehr mit den lebensfremd anmutenden Arbeitsbedingungen identifizieren möchten, entsteht ein regelrechter Exodus der Absolvent*innen hin zu benachbarten Wirkungsstätten, die von der generalistischen Ausbildung der Architekturfakultäten profitieren. Den eigenen Interessen abseits der Bauwirtschaft folgend, entsteht so die wahre transdisziplinäre Architekturarbeit, nämlich jene, in der sie Einfluss auf andere Bereiche ausübt, ohne wirklich sichtbar zu sein.

Das ist zum einen gut für neue Impulse, allerdings ist es denkbar schlecht für das, was von der Architekturarbeit mittlerweile übriggeblieben ist. So entsteht in den Büros ein poröses Sediment aus sogenannten *CAD-Monkeys* (also jene Mitarbeiter*innen, die trotz ihrer universitären Ausbildung quasi als technische Zeichner*innen eingesetzt werden), und frustrierten Zweckoptimist*innen, die ihrer Leidenschaft für Architektur aus romantischen Beweggründen nicht den Rücken kehren wollen. Dieses Fundament ist nicht stabil genug, um in den nächsten Jahrzehnten eine qualitätsvolle Riege an Architekt*innen hervorzubringen. Stattdessen werden sich jene emporarbeiten, die einzig den Marktmechanismen standhalten können, welche nicht das Ziel *guter* Architektur haben, sondern lediglich das Ziel, die *marktwirtschaftlich effizienteste* Architektur hervorzubringen.

Die Architektur in ihrer Form und Funktion als Teil von Marketing und Marktpositionierung hat sich gewandelt, ihr Verhältnis zur Gesellschaft ebenso: das Verhältnis der Schaffenden zur Architektur selbst und wiederum zur Gesellschaft in ebensolchem Maße. Die Kräfte haben sich verschoben und konnten viel zu lange relativ unreglementiert wirken.

Daher gibt es hohe Ansprüche an die Jungen: Sie müssen sich organisieren, Motive und Ziele klären und sich dann selbstbewusst an den Tisch der Großen setzen, auf ihren Forderungen beharren und konstruktiv einen neuen Weg für eine Architektur ermitteln, die den anspruchsvollen Problemen der nächsten Jahrzehnte gewachsen sein kann. Es bedarf des Selbstbewusstseins, sich interdisziplinäres Wissen zuzutrauen, dafür auch einzustehen und unkonventionelle Lösungsansätze umzusetzen. Es bedarf einer Lehre, die diese Fähigkeiten auszubilden imstande ist. Es bedarf einer etablierten Fachschaft, die diese Ideen fördert, anstatt sie als lächerlich oder naiv zu diffamieren. Es bedarf Auftraggeber*innen, die sich als Verbündete betrachten. Kurzum: Will die Architektur als generalistische Profession verstanden werden, braucht es eine generalistischen Kollaboration.

Das Potenzial der in andere Bereiche abgewanderten Absolvent*innen (welche man wohl auch nicht mehr zurückholen können wird) als transdisziplinäre Verbündete, gepaart mit selbstbewussten und kritischen Architekturschaffenden, kann zu einer Neugestaltung des Berufsbildes *Architekt*in* und letztendlich auch zu einer Renaissance der Berufung führen – ohne Unbehagen.

Work, Life oder Balance?

WORK – ARCHITEKTURARBEIT IM WANDEL

Niedrige Löhne und Honorare, unzählige Überstunden und Wochenendschichten und gleichzeitig fehlende Anerkennung der Leistung waren und sind die Themen, die immer wieder die Diskussion um die Produktionsbedingungen in der Architektur anheizen. Die Betonung hier liegt allerdings auf dem Wort Ausgangspunkt. Der thematische Dauerbrenner unter Architekt*innen ist – trotz der Dramatik für so viele in der Branche – scheinbar in den immer wieder gleichen Diskursschleifen verhaftet. Mich selbst beschäftigt das Thema der Produktionsbedingungen seit den ersten schlecht bezahlten Praktika, die ich durch Stipendien querfinanzieren konnte (und musste). Die sich daran anschließende Frage ist: Wie soll das weitergehen und welchen Wert hat meine Arbeit? Für viele junge Architekturschaffende beginnt die Auseinandersetzung mit dem Thema genau an diesem neuralgischen Punkt des ersten Eintritts ins Arbeitsleben.

1
Die Interessensvereinigung Architecture Lobby wurde 2013 in den USA gegründet. 2015 publizierte Peggy Deamer das Buch *The Architect as a Worker*, eine Essay-Sammlung rund um die Architekturproduktion, welches heute als Standardwerk zum Thema gilt. Deamer, Peggy: *The Architect as a Worker,* Bloomsbury 2015

2
Lange, Thorsten/Malterre-Barthes, Charlotte/Ortiz dos Santos, Daniela/Schaad, Gabrielle: »Einführung«. In: *ARCH+ 246: Zeitgenössische Feministische Raumpraxis.* Dezember 2021, S. 4

3
Moore, Rowan (31.10.2021): »Herzog & de Meuron: ›Architecture is the art of facts. We shouldn't have a moralistic standpoint‹«. www.theguardian.com/artanddesign/2021/oct/31/herzog-and-de-meuron-m-plus-astrazeneca-national-library-of-israel-stadtcasino-one-park-drive-royal-college-of-art (letzter Zugriff: 08.03.2022)

4
Hierzu möchte ich die *ARCH+*-Karte auf dem Umklapper der Ausgabe 246 empfehlen, auf der man viele weitere Akteur*innen findet.

5
Mehr zum Büro IFUB* findet man online unter: www.ifub.de/info (letzter Zugriff: 14.03.2022)

Die Selbsterkenntnis des *architect as a worker*, wie es die US-amerikanische Architektin Peggy Deamer mit ihrer Arbeit bei der von ihr mitbegründeten Interessensvereinigung Architectural Lobby seit 2013 in den Fokus rückt,[1] ist dennoch nicht überall angekommen. Der Mythos *des Architekten* als Künstler und kreativem Genie – weiß, männlich und wohlhabend – ist immer noch das vorherrschende Idealbild in den Syllabi der Universitäten und damit in den Köpfen der Studierenden. Doch dieses Bild entspricht schon lange nicht mehr der Realität und verkennt vielmehr die prekäre Arbeitssituation, der sich viele Architekt*innen heute ausgesetzt sehen.

Sich dem Thema Arbeitsbedingungen in der Architektur zu widmen, muss heute weit mehr heißen als nur über Gehälter, Honorare und *Work-Life Balance* zu sprechen. In der sich verändernden Realität des 21. Jahrhunderts müssen Architekt*innen neuen Anforderungen gerecht werden und ihr Berufsbild neu definieren. Angesichts der Klimakrise sowie gesellschaftspolitischer sowie wirtschaftlicher Veränderungen müssen Architekt*innen nicht nur ihre Entwurfsmethoden anpassen, sondern auch ihre Verantwortung in einem komplexen Netzwerk von Interessen und Akteur*innen reflektieren.

Ein holistischerer Blick, der über die eigenen individuellen Bedürfnisse hinausreicht, ist unabdingbar und birgt gleichzeitig das Potential für neue architektonische Praxen, wie das auch unlängst die im Dezember 2021 erschienene Ausgabe der Architekturzeitschrift *ARCH+* zu zeitgenössischer feministischer Raumpraxis aufzeigte. Im Heft lässt sich die Verwobenheit und Komplexität der Themen ablesen: ökonomische, ökologische und gesellschaftspolitische Aspekte lassen sich nicht getrennt voneinander bearbeiten. Ebenso darin verwickelt ist die Architekturarbeit selbst – oder wie es die Gastredakteur*innen der Ausgabe selbst schöner in der Einleitung zum Heft fassen:

»Noch nie war der Ruf nach Gleichstellung und der Chancengerechtigkeit innerhalb des hierarchisch organisierten und ökonomisch getriebenen Feldes konventioneller Architektur lauter als heute. Zwar mögen ihn nicht alle mit derselben Dringlichkeit vernehmen. Doch eine neue Generation an Praktiker*innen arbeitet über alle Bereiche der Disziplin hinweg aktiv an einem Wandel der Architektur – hin zu einer die Gesellschaft und Ressourcen schonenden, gleichsam ethischen Praxis. Dies ist umso dringlicher angesichts der globalen Herausforderungen der Gegenwart: von der Klimakatastrophe und Umweltzerstörung über Ressourcenknappheit, bis hin zur Verschärfung sozialer Ungleichheit, der Digitalisierung und Dekolonialisierung«.[2]

LIFE – ARCHITEKTUR-DISKURS

Man kann diese Fragen nun als zeitgeistige Debatte von Expert*innen abtun. Dass sich etwas tut, *im echten Leben,* zeigt sich allerdings auch im öffentlichen Diskurs. Das Argumentieren einer rein »gestalterischen Verantwortung« und die

Wie politisch muss Architektur sein? Memes als Medium in der Diskussion um Arbeitsbedingungen auf Social Media. Quelle: instagram Ryan Scavnicky @sssscavvvv

Entpolitisierung der eigenen Arbeit für Architekt*innen wird schwieriger. Der Tod von migrantischen Arbeiter*innen auf der Baustelle des Qatar FIFA World Cup Stadiums 2014 und die Schlagzeilen, die Zaha Hadid mit dem Abweisen jeglicher Verantwortung auslöste, waren der Beginn einer medialen Berichterstattung weit über Fachmedien hinaus. Auch die Geschichte diese Arbeiter*innen und deren Arbeitsbedingungen müssen inhärenter Teil des Diskurses sein, wenn wir über gerechtere Bedingungen von Architekturarbeit sprechen.

Inzwischen finden viele solcher Diskussionen – vor allem für eine junge Generation – in den sozialen Medien statt, und der Ton ist durchaus rauer geworden. Jaques Herzogs Aussagen zum Thema Verantwortung und Ethik in einem Guardian-Interview 2021[3] haben zu einem Shitstorm und diversen Memes geführt, die (Spoiler) Herzog & de Meuron nicht im besten Licht erstrahlen lassen. Im Zuge des Ukrainekriegs haben eine ganze Reihe an bekannten Büros, darunter auch Herzog & de Meuron, Stellungnahmen veröffentlicht und ihren Rückzug aus Projekten in Russland erklärt. Eine politische Positionierung und Einordnung der eigenen Arbeit – und damit der ökonomischen Abhängigkeiten – schien den Büros in diesem Kontext nötig. Eine Generation von *Stararchitekten* steht unter politischem Rechtfertigungsdruck.

Eine sich verändernde Debattenkultur und eine Vielzahl von Akteur*innen, die sich dem Thema der Arbeitsbedingungen widmen, heißt aber nun nicht automatisch, dass sich eine Branche unmittelbar wandelt. Arbeits- und Produktionsbedingungen konsequent zum Thema zu machen, sowie internationalen Austausch zu fördern, erhöht zumindest den Druck auf die gesamte Branche. Egal ob es nun @*dank.lloyd.wright*, die *Future Architecture Front*, *Kontextur* oder die IG Architektur sowie viele andere Akteur*innen[4] sind, denen Berufseinsteiger*innen gerade ihre Aufmerksamkeit schenken – die Auswirkungen der Vielzahl an neuen Formaten, Vernetzungsmöglichkeiten und Austauschwegen werden ihre Effekte zeigen. In Zeiten, die geprägt sind von Individualisierungstendenzen und Krisen, ist das Bauen neuer Allianzen selbst ein radikaler Akt.

BALANCE – NEUE PRAXIS

Diese Allianzen können aber nur dann im Sinne von besseren (Arbeits-)Bedingungen für alle wirksam werden, wenn der größere Kontext, in dem Architektur entsteht, mitverhandelt wird. Welche Interessen stecken hinter der Architektur? Inwieweit macht man sich durch Gestaltung zu Kompliz*innen von Profitmaximierung, Herrschaftsmechanismen, Ressourcen, Ausbeutung und so weiter? Der Übergang zu architektonischen Prozessen, die globale Zusammenhänge und Ungerechtigkeiten ökonomischer und ökologischer Natur berücksichtigen, stellt einen Paradigmenwechsel dar, der sich direkt auf die Organisationsstrukturen und Arbeitsbedingungen in der Architektur auswirken muss.

Anstatt einfach alles »effizienter und produktiver« zu machen, um besser im globalen Kampf um knappe Honorare konkurrieren zu können, brauchen wir Vorschläge, wie wir die systemischen Bedingungen ändern, in denen wir Raum produzieren. Dazu gehört auch die Frage nach Wertschätzung und eine öffentliche Debatte außerhalb von Fachkreisen: Was ist uns als Gesellschaft gut gestalteter Raum, der allen zur Verfügung steht, wert?

Es gibt bereits Büros, die sich nach alternativen Maximen ausrichten. IFUB* Institut für u*(nvergleichliche) Baukunst arbeitet als Unternehmen auf Basis des Modells der Gemeinwohlökonomie, was sich auch in den architektonischen Konzepten des Büros widerspiegelt. Die erste Maxime im eigenen Handbuch: Nicht bauen.[5] Umsicht, Vielfalt und Spaß sind nur drei der sechs Kernwerte des Büros, was es zu einem Beispiel dafür macht, wie es anders gehen kann. Es lohnt sich, solche Modelle genauer in Augenschein zu nehmen und zu überlegen, wie sie sich übertragen, vervielfältigen und kopieren lassen. Es stellt jedoch nicht die *eine Antwort* auf all die Fragen dar, die ich in diesem Text anreiße.

Was es aber absolut geben kann, ist ein tragfähiges Narrativ, das wieder mehr Menschen dazu bringt, sich für qualitätsvollen Raum und dessen Gestaltung einzusetzen – eine Idee, für die es sich zu kämpfen lohnt und die der nächsten Generation neue Wege in der Praxis aufzeigen kann. Ein Paradigmenwechsel vom Gegeneinander zum Miteinander, von Konkurrenz zu Kollaboration und vom Preisdrücken zu fairen Honoraren – nicht nur als Forderung nach außen, sondern auch als Selbstverständnis nach innen – sind die Eckpfeiler, für die wir uns noch immer einsetzen sollten.

SUSANNE HELENE HÖHNDORF

In die Zukunft schauen

Wo werden wir Architektinnen[1] sein, hoffentlich möglichst viele? Schaffen wir es zu brillieren, ohne persönliche Einbußen? Werden die digitalen Möglichkeiten uns womöglich vergessen lassen, dass es doch ein Handwerk ist, welches wir zur Umsetzung unserer Ideen benötigen? Wenn ich auf all dies keine Antwort habe, so doch vielleicht eine Vision.

1
Männer sind hier mitgemeint

Ich sehe die Jüngeren um mich herum, sehe wie sie miteinander kommunizieren, sich austauschen – ganz selbstverständlich, wie es uns früher nicht möglich war. Ich bewundere ihre schnellen Reaktionen, die Vielfältigkeit ihrer Ideen, die Weite ihres Denkens, ihre Vernetzung über Sprachen und Grenzen hinweg. Sie verändern ihren Fokus oft schon während des Studiums. Sie glauben nicht mehr an die Möglichkeit, ohne Umwege einen Berufsweg zu verfolgen. Das kann verunsichern, aber auch Energien freisetzen, um aus der geforderten Beweglichkeit Nutzen zu ziehen.

Die Ausbildung zur Architektur ist schon an sich eine multidisziplinäre – viel mehr als es den Anschein macht. Sie streift und umfasst so viele Bereiche des Lebens, vom sozialen Gefüge und der politischen Aussage bis hin zur Technik, zum Material, zur Oberfläche, sodass wir zum universalen Denken ausgebildet werden. Dies befähigt uns im besten Fall, weit über den Tellerrand zu blicken. Hier liegt für mich die große Hoffnung an die nächsten Generationen, die schon mit diesem weiten Blick aufwachsen können.

Sie werden es sein, die die Welt neu denken, die sich den schnell wechselnden Gegebenheiten anpassen und die Welt neugestalten. Sie werden von Haus aus eine interdisziplinäre Perspektive einnehmen. Die von unserer Generation noch angenommene Vorhersehbarkeit, die zu eingleisigem Denken führen konnte, verlassen sie schon frühzeitig. Die Mutigen überspringen dabei Grenzen, persönliche wie auch gesellschaftliche. Sie sehen also unseren Planeten und begreifen, dass sie handeln müssen. Wir sollten ihnen zuhören, unsere Erfahrungen mit ihnen teilen, sie im Übergang begleiten und das Staffelholz übergeben.

Im besten Falle, so meine Vision, werden sie versuchen, ihre Ziele solidarisch und miteinander zu verfolgen. Sie werden erkennen, wie viel Energie gemeinsam aufgebaut werden kann, wie sich Expertise erweitern kann, wie sich der Blick öffnet, wie viel Rückhalt Gemeinschaft bieten kann. Daraus wächst dann das Konkrete – im Falle der Architektur das Gebaute. Mit der oben beschriebenen Weitsicht erkennen sie die Bedürfnisse für ein gutes Zusammenleben. Sie entwickeln Ideen, um unseren Planeten zu schützen – und dadurch entwickeln sich neue Architekturen in gegebenen räumlichen Strukturen.

Ich persönlich bin überzeugt von der Kraft dieser heute jungen Generation.

Für diesen Bau wird
vom
Land Steiermark
eine
Wohnbauförderung
gewährt!

KONZEPT: IG ARCHITEKTUR UND PAUL OTT.
ABBILDUNGEN: PAUL OTT PHOTOGRAFIERT

Reden wir über Baukultur!

Die Baukulturausstellung der IG Architektur

Baukultur ist als gemeinsame kulturelle Leistung nicht Privatsache, sondern physisches Abbild unserer Gesellschaft. Baukultur ist als Gemeinschaftswerk aller am Entstehen der gebauten Umwelt Beteiligten die langfristige Manifestation gesellschaftlicher Übereinkünfte und damit eine kollektive Gesamtleistung. Sie beschreibt nicht nur die Gestalt unseres Lebensraums auf allen Maßstabsebenen, sondern auch den Prozess seiner Entstehung, Aneignung, Nutzung und Erhaltung. Sie ist fest im Alltag aller Menschen verwoben und beeinflusst ihr Zusammenleben und Wohlbefinden – ohne dass dafür ein breites Bewusstsein vorhanden wäre. Gleichzeitig ist die gebaute Umwelt einer permanenten Änderungsdynamik unterworfen, besonders in den derzeit stark wachsenden Städten.

Städte sind als Lebensräume und Organismen weit mehr als nur materialisierte Baustruktur. Bereits 58 Prozent der österreichischen Bevölkerung leben im urbanen Raum. Fortschreitende Urbanisierung, Bevölkerungs- und sozialer Wandel, permanente Anpassungen der Arbeitswelten und die Zuspitzung der wirtschaftlichen Systeme, aber auch die Folgen des Klimawandels und des Zurückweichens von Natur und Grünraum stellen unsere Städte vor große Herausforderungen und verändern das Stadtbild. Die COVID-19-Pandemie hat die Bedeutung

1

Die Abbildungen der Baukulturausstellung zeigen Motive aus Graz und Wien. Diese stehen exemplarisch für bauliche Entwicklungen, wie sie nicht nur in Österreich, sondern international zu beobachten sind.

Motive Graz:
Seite 12–13, 15, 16–17, 18, 21, 22–23, 41, 42–43, 50–51, 53, 54, 162–163

Motive Wien:
Seite 9, 10, 45, 46–47, 48, 153, 154–155, 156, 158–159, 161, 164–165, 166–167, 168

Alle Abbildungen der Baukulturausstellung: paul ott photografiert

qualitätvoller öffentlicher Räume noch sichtbarer gemacht. Daher ist es umso wichtiger, Städte inklusiv, sicher, widerstandsfähig, nachhaltig und lebenswert zu gestalten, denn auch wenn es die Menschen und ihre Interaktionen sind, die den urbanen Raum prägen, so ist es doch das Gebaute, das den physischen Rahmen dafür bildet. Das Gebaute um- und beschreibt unsere Interaktionsräume, macht sie fassbar, lesbar und schließlich aneigenbar. Die unterschiedlichen Interessenslagen, Dynamiken und Einflüsse, die auf das hochkomplexe, überhitzte Planungs- und Baugeschehen einwirken, führen jedoch nicht nur zu qualitätvollen Beispielen. Im urbanen öffentlichen Raum werden in jüngerer Zeit neben den wenigen Vorzeigebeispielen auch baukulturelle Defizite in komprimierter Weise sichtbar und erlebbar. Ziel der Baukulturausstellung ist es, die gebaute Umwelt, wie wir sie täglich vorfinden, in das bewusste Sichtfeld der Passant*innen zu rücken, um so das Thema Baukultur zu den Bürger*innen in den öffentlichen Raum zu bringen und damit zugänglich zu machen. Dadurch soll ein breiter, bewusstseinsbildender Diskurs angeregt und die Sensibilität für die Gestaltung des urbanen Raumes bei seinen Benutzer*innen erhöht werden.

Abseits des etablierten baukulturellen Erbes werden in Kooperation mit dem Architekturfotografen Paul Ott Alltagsbilder unseres gebauten Umfeldes zu Ausstellungsobjekten gemacht.[1] Das Banale, das den Kontext Ignorierende, das Unwirtliche und ein mancherorts fehlender Gestaltungswille werden dabei mit genau derselben fotografischen Sorgfalt behandelt, wie sie üblicherweise nur positiven Vorzeigebeispielen zukommen würde. Die Ästhetik der Bilder und ihre künstlerische Komposition folgen höchsten Ansprüchen und erzeugen eine Spannung zwischen der Erhabenheit des Bildes und seinem Inhalt. Die Bilder urteilen nicht, sie stellen dar. Ausgestellt gegenüber den gezeigten Architekturen fordern sie dazu heraus, genauer hinzusehen. Die Plakataufschrift ist ein deutlicher Aufruf zur Diskussion: Reden wir über Baukultur!

Wojciech Czaja (1978) studierte Architektur und arbeitet als freischaffender Journalist im Bereich Architektur und Stadtkultur unter anderen für *der Standard*. Sein Schwerpunkt ist der internationale Blick. Zu diesem Thema verfasste er *Hektopolis* sowie die Buchserie und gleichnamige Ausstellung »Almost«, die bereits in Wien, Krakau, Zagreb, Vukovar und Bukarest zu sehen war. Zuletzt publizierte er mit Katja Schechtner *Frauen Bauen Stadt* (Birkhäuser Verlag, 2021).

Jens S. Dangschat (1948) ist emeritierter Professor für Siedlungssoziologie und Demografie. Seine Schwerpunkte in Forschung und Lehre sind gesellschaftliche Prozesse und Strukturen in ihren räumlichen Bezügen, Mobilität und Wohnen. Er war zwölf Jahre lang Mitglied im Scientific Advisory Board der Joint Programming Initiative *More Years, Better Lives* der EU und nahm als Sozialwissenschaftler in mehreren Bauträger*innenwettbewerben teil.

Franz Denk (1961) ist Architekt in Wien. Der Förderpreisträger (Wien und OÖ) und Margarete Schütte-Lihotzky-Stipendiat entwickelte als Gebietsmanager interdisziplinäre Kunst- und Vermittlungsprojekte im öffentlichen Raum. Seine Schwerpunkte liegen in der Stadterneuerung, -forschung und Ortsplanung. Wettbewerbserfolge und Realisierungen umfassen das Weiterbauen in der Bestandsstadt. Der ehemalige Sprecher der IG Architektur ist Mitglied im Stadtnachhaltigkeitsausschuss der Kammern der ZiviltechnikerInnen und Vorstand des ORTE Architekturnetzwerks NÖ.

Matthias Finkentey (1959) war von 2004 bis 2018 organisatorischer Leiter der IG Architektur. Unter seiner Leitung wurde der Standort *Raum für Architektur und Mehr* in der Gumpendorfer Straße in Wien mit Hilfe von Sponsor*innen und privaten Darlehnsgeber*innen renoviert. Außerdem sind seit 2010 Mitglieder der IG Architektur auch in den Kammern der ZiviltechnikerInnen verstärkt aktiv. Weiters intensivierte er den Austausch mit Architekturschaffenden in Graz. Matthias Finkentey ist selbständiger Moderator und Organisationsberater. www.finkentey.at

Daniel Fügenschuh (1970) ist Architekt aus Innsbruck. Seit 2018 ist er Sektionsvorsitzender der *Bundessektion der ArchitektInnen* und Vizepräsident der *Bundeskammer der ZiviltechnikerInnen*. Er vertritt somit die berufspolitischen Interessen aller Architekt*innen in Österreich. Darüber hinaus ist er seit 2022 Mitglied des Executive Boards des *Architects' Council of Europe*, dem europäischen Interessenverband von Architekturschaffenden.

Gabu Heindl ist promovierte Architektin, Stadtplanerin und Aktivistin mit Bürositz in Wien. Seit 2021 ist sie Professorin für Städtebau an der TH Nürnberg und seit 2019 an der AA London lehrend tätig. Ihre Forschungsprojekte und Realisierungen im öffentlichen Raum sowie dem öffentlichen UmBauen konzentrieren sich auf Nicht-Profit-orientiertes Wohnen, Lernräume, Geschichtspolitik und vieles mehr. Sie hält zahlreiche Vorträge und realisiert Publikationen, zuletzt als Co-Herausgeberin von *Building Critique. Architecture and its Discontent* (Spector Books, 2019) und *Stadtkonflikte. Radikale Demokratie in Architektur und Stadtplanung* (3. Auflage, Mandelbaum Verlag, 2022). www.gabuheindl.at

Nikolaus Hellmayr (1960) ist Konsulent der *Bundeskammer der ZiviltechnikerInnen* sowie der *Kammer der ZiviltechnikerInnen für Wien, Niederösterreich und Burgenland* für Wettbewerbsfragen und Grundsätze der Verfahrensbetreuung. Außerdem ist er Wettbewerbsorganisator, Architektur- und Kunstschaffender. www.wettbewerbsorganisation.at

Angelika Hinterbrandner (1992) arbeitet in unterschiedlichen Rollen und Formaten im Bereich Architektur. Ihr aktueller Forschungsschwerpunkt gilt den politischen und legislativen Rahmenbedingungen der Finanzialisierung von Wohnraum. Mit Brandlhuber+/bplus.xyz arbeitet sie an neuen Modellen des Architekturschaffens und denkt mit Kontextur über die Möglichkeiten und Verantwortung von zukünftigen Architekt*innen nach. Seit 2021 ist sie Teil des Lehrstuhls station+ Professur Arno Brandlhuber an der ETH Zürich. ahinterbrandner.com

Kurt Hofstetter (1963) ist Stadtplaner und Mitarbeiter der Stadt Wien. Er war maßgeblich an der städtebaulichen Entwicklung der Seestadt Aspern beteiligt und begleitete diese später auch in der Umsetzung der ersten Bauphase. Zurzeit ist er Leiter der Internationalen Bauausstellung »IBA_Wien 2022 – Neues soziales Wohnen«. www.iba-wien.at

Susanne Helene Höhndorf (1963) ist Architektin, Gründungsmitglied von RATA-PLAN-Architektur ZT GmbH, von IG Architektur und von Architektur ohne Grenzen. Sie war Gastprofessorin an der Academy of Arts in Tallinn und an der École Spéciale d'Architecture in Paris sowie Universitätsassistentin an der TU Wien. Ihre Schwerpunkte als Architektin bei RATAPLAN sind Bauen im Bestand/Denkmalschutz, Fassadenbegrünungen, Schulbau, Bürobau, Kulturgebäude und Wohnbau.

Thomas Kain (1984) studierte Architektur an der TU Graz. Mit dem Verein Mojo Fullscale Studio setzte er Bauprojekte in Afrika um. Er war unter anderen als Projektleiter bei balloon architekten tätig und ist heute aktives Gründungsmitglied im Kollektiv Studio Magic, das seit 2015 von Graz, Innsbruck und Wien aus in den Bereichen Architektur, Architekturforschung, räumliche Interventionen, Ausstellungen, Möbelbau und der universitären Lehre tätig ist. www.studiomagic.org

Wolfgang Kil (1948) ist Architekturkritiker und Publizist in Berlin. Nach seinem Studium sammelte er Büropraxis und wurde später Redakteur verschiedener Fachmagazine, unter anderen des Magazins *Bauwelt*. In den 1990er Jahren war er vor allem mit der Hauptstadtentwicklung Berlins befasst und arbeitete danach am demografischen Wandel in schrumpfenden Städten und ländlichen Räumen. Seit 2010 beschäftigt er sich vorwiegend mit urbanen Transformationen im östlichen Europa. Er ist Autor mehrerer Bücher, unter anderen *Luxus der Leere* (Verlag Müller + Busmann, 2004). www.wolfgang-kil.de

Elke Krasny (1965) ist Professorin für Kunst und Bildung an der Akademie der bildenden Künste Wien. Als feministische Kulturtheoretikerin und Kuratorin arbeitet sie zu sozialer und ökologischer Gerechtigkeit in Architektur, Urbanismus und zeitgenössischer Kunst. Zu ihren jüngsten Publikationen zählen *Critical Care. Architecture and Urbanism for a Broken Planet* gemeinsam mit Angelika Fitz (MIT Press, 2019) sowie *Radicalizing Care. Feminist and Queer Activism in Curating* gemeinsam mit Sophie Lingg, Lena Fritsch, Birgit Bosold und Vera Hofmann (Sternberg Press, 2021).

Ramona Kraxner (1990) arbeitet als Architektin und freie Autorin in Graz. Ihre theoretische Masterarbeit *Kritik der ideologiefreien Architektur* wurde mit dem Grazer Architekturdiplom-Preis ausgezeichnet. Neben ihrer Tätigkeit im Architekturbüro schreibt sie für das *Baumeister*-Magazin und engagiert sich sowohl beim Non-Profit-Magazinprojekt *LAMA* als Redakteurin und Autorin als auch bei Initiativen und Veranstaltungen für kritischen, reformorientierten Diskurs in Architekturlehre, -theorie und -praxis.

Christian Kühn (1962) studiere Architektur in Wien und Zürich und ist seit 2001 Professor für Gebäudelehre an der Technischen Universität Wien. Seit 2000 ist er Vorsitzender der Architekturstiftung Österreich und seit 2008 Studiendekan für Architektur und Building Science an der Technischen Universität Wien. Er ist Architekturkritiker für Zeitschriften und Tageszeitungen (unter anderem *Architektur- und Bauforum, Merkur, ARCH+*, die *Presse*). Zuletzt erschien seine Publikation *Operation Goldesel. Texte über Architektur und Stadt 2008 bis 2018* (Birkenhäuser Verlag, 2018). 2014 war er Kommissär für den österreichischen Beitrag zur Architekturbiennale in Venedig.

Isabella Marboe (1970) studierte Architekur an der TU Wien und der Hebrew University in Jerusalem. Ihre Liebe zur Architektur und zur Sprache lebte sie jahrelang als Redakteurin von *architektur.aktuell* und lancierte in einer Co-Chefredaktion mit Dr. Sandra Hofmeister die deutsche Ausgabe von *domus* (2012–2013). Derzeit ist Isabella Marboe freiberuflich tätig und schreibt unter anderem für die *Deutsche BauZeitschrift*, die *Furche*, die *Vorarlberger Nachrichten*, die *Presse* und *Augustin*.

Karoline Mayer (1975) ist Architektin, Kuratorin, Fotografin und Filmemacherin. Seit 2011 ist sie im Architekturzentrum Wien tätig und kuratierte u.a. die Ausstellungen »Am Ende: Architektur. Zeitreisen 1959–2019« (2016), »Form folgt Paragraph« (2017) und »Boden für Alle« (2020). 2019 entstand ihr Film *Ein Ort, der Gold wert ist.* Im selben Jahr organisierte sie das Festival »Simmering works« über Arbeit und Produktion in der wachsenden Stadt.

Maik Novotny (1972) studierte Architektur in Stuttgart und Delft. Als Architekturjournalist schreibt er unter anderem für *der Standard*, *Falter* und diverse Fachpublikationen. Er ist Mitherausgeber mehrerer Bücher, lehrt an der TU Wien und forschte 2017 in London als Stipendiat des Richard Rogers Fellowship der Harvard Graduate School of Design. Seit 2019 ist er Vorstandsmitglied der *Österreichischen Gesellschaft für Architektur* (ÖGFA).

Paul Ott (1965) lebt und arbeitet in Graz. Seit 1989 ist er freischaffender Fotograf. Seine Dokumentationen zeitgenössischer Architektur werden in internationalen Fachzeitschriften und Büchern veröffentlicht. Weiters hält er Lehraufträge und Gastvorträge unter anderen an der Staatlichen Akademie der Bildenden Künste Stuttgart und stellt im In- und Ausland aus, etwa mit »be welcome« auf der Architekturbiennale Köln und »Architektur Landschaft Fotografie« in der Architektur Galerie Berlin und der ETH Zürich. Weiters ist im Springer Verlag 2012 das Buch »Paul Ott Photography about Architecture« Hg. M. Boeckl erschienen. www.paul-ott.at

Katharina Ritter (1972) ist Juristin, Kuratorin und Autorin für Architektur. Seit 1994 ist sie als Kuratorin und seit 2006 als Programmkoordinatorin für das Architekturzentrum Wien tätig, unter anderen für die Ausstellungen »Alexander Brodsky« (2011), »Sowjetmoderne. 1955–1991« (2012), »Form folgt Paragraph« (2017) und »Boden für Alle« (2020). 2002 und 2004 war sie Projektleiterin des österreichischen Beitrags für die Architekturbiennale in Venedig.

Reinhard Seiß (1970) ist Stadtplaner, Filmemacher und Fachpublizist. Er schreibt unter anderen für *die Frankfurter Allgemeine Zeitung*, die *Süddeutsche Zeitung*, die *Neue Zürcher Zeitung* sowie die *Presse* (Spectrum) und gestaltet Ausstellungen, Symposien, Dokumentationen für Kino und Fernsehen oder auch Hörfunkbeiträge. Seiß ist Mitglied des Baukulturbeirats der Österreichischen Bundesregierung, des Stadtplanungsbeirats von Dornbirn sowie der *Deutschen Akademie für Städtebau und Landesplanung*.

Bernhard Sommer (1969) ist Mitbegründer von EXIKON architektur und nachhaltigkeit. 2019 wurde das Büro als Fachplaner für Bauphysik und Bauökologie mit dem Staatspreis für Architektur und Nachhaltigkeit ausgezeichnet. Ab 2008 baute er die Abteilung Energie Design an der Universität für angewandte Kunst Wien auf, wo er Forschung und Lehre leitet. Von 2016 bis 2020 war er Gastprofessor für Energie Design an der Estonian Academy of Arts (EKA) in Tallinn und von 2014 bis 2022 Vizepräsident der *Kammer der ZiviltechnikerInnen für Wien, Niederösterreich und Burgenland*.

Lukas Vejnik geht mit den Mitteln der Architektur aus der Architektur hinaus und stößt dabei auf verborgene Lebensräume und Alltagspraktiken. Ausgangspunkt für seine Beschäftigung mit der Nachkriegsmoderne war die Mitarbeit am Ausstellungsprojekt »Hotel Obir Reception« im Jahr 2013. Anlassbezogen veröffentlicht Lukas Vejnik Texte zu kultur- und baupolitischen Themen und ist weiters Herausgeber von *Land der Moderne – Architektur in Kärnten 1945–1979* (Ritter Verlag, 2020).

Kai Vöckler (1961) ist Urbanist und Gründungsmitglied von Archis Interventions. Er realisiert Stadtentwicklungsprojekte in Südosteuropa, Stadtforschungsprojekte in Europa und Asien sowie Wettbewerbe und städtebauliche Projekte mit Landschaftsarchitekt*innen und Architekt*innen. Er publiziert zu kunsttheoretischen und urbanistischen Themen und arbeitet außerdem als Professor für Urban Design an der Hochschule für Gestaltung (HfG) Offenbach. www.kaivoeckler.de

Redaktionsteam

Michaela Geboltsberger (1985) ist Kunsthistorikerin und Kuratorin. Sie realisiert neben Ausstellungen auch Publikationsprojekte und Vorträge. Gemeinsam mit dem Netzwerk tranzit.at rief sie die Koordinierungsstelle für Kunst- und Kulturschaffende aus der Ukraine, das *Office Ukraine*, ins Leben. Sie ist wissenschaftliche Mitarbeiterin an der Universität für angewandte Kunst sowie Programmleiterin und Geschäftsführerin der IG Architektur.

Fabian Wallmüller (1974) ist Architekt und Gründungsmitglied von Stoiser Wallmüller Architekten ZT GmbH mit Büros in Graz und Wien. Er lehrte an der TU Wien, der TU Graz und der New Design University NDU St. Pölten. Bis 2007 war er Architekturjournalist bei *Falter*, *der Standard* und www.gat.st. Ehrenamtlich engagiert er sich im Vorstand des HDA – Haus der Architektur, bei Architektur ohne Grenzen Österreich und im Vorstandsvorsitz der IG Architektur.

Team Baukulturausstellung

Michaela Geboltsberger (Biografie siehe Redaktionsteam)

Magdalena Lang (1985) studierte Architektur in Graz und Montpellier. Neben ihrer Partnerschaft im Architekturbüro Mojo Architectural Studio studiert sie Wirtschaftsrecht. Als Vorstandsmitglied des Vereins Mojo Fullscale Studio NPO entwickelt und errichtet sie mit Studierenden Sozialprojekte im südlichen und östlichen Afrika. Darüber hinaus engagiert sie sich seit 2017 in der IG Architektur, in der sie seit 2021 Vorstandsmitglied ist.

Regina Novak ist Kunsthistorikerin und freie Kulturmanagerin in Graz. Ihre Schwerpunkte liegen in der Kunst- und Kulturvermittlung, Redaktion sowie dem Sammlungsmanagement.

Lukas Schumacher (1961) lebt und arbeitet als Architekt in Wien. Von 1990 bis 1993 war er freier Mitarbeiter am Museum für Angewandte Kunst (MAK) in Wien, wo er im Zuge der Generalsanierung unter anderem für die Gestaltung der Studiensammlung und für diverse Ausstellungen verantwortlich war. Seit 2008 ist er als selbständiger Ziviltechniker tätig und arbeitet u.a. in Projektgemeinschaft mit fasch&fuchs. Seit mehreren Jahren ist er als ehrenamtliches Mitglied im Vorstand der IG Architektur aktiv.

Fabian Wallmüller (Biografie siehe Redaktionsteam)

IG Architektur

Die IG Architektur ist eine österreichweite Interessensgemeinschaft von Architekturschaffenden. Als offene Impulsplattform bietet sie seit ihrer Gründung im Jahr 2001 Raum zur Auseinandersetzung mit architektur-, berufs- und gesellschaftspolitischen Themen, die aus der beruflichen Praxis in den Diskurs und aus dem Diskurs in die berufliche Praxis getragen werden. Darüber hinaus engagiert sich die IG Architektur seit 2006 in den Kammern der ZiviltechnikerInnen, wo sie sich aktiv an berufspolitischen Entscheidungsprozessen beteiligt.

Mitglieder der IG Architektur, die zur Wahl des konstituierenden
Vorstandes der IG Architektur im Januar 2002 eingeladen waren:

Thomas Abendroth, Peter Achhorner, Karen Allmer, Michael Anhammer,
Leopold Augusta, Christian Aulinger, Manfred Berthold, Herwig Biack, Axel
Birnbaum, Mark Blaschitz, Zoran Bodrozic, Beatrice Böhm, Berndt Brandner,
Gordana Brandner, Doris Burtscher, Reginald Chociwski, Roman Delugan,
Franz Denk, Waltraud Derntl, Volker Dienst, Jakob Dunkl, Andreas Dworschak,
Mona El Khafif, Thomas Emmer, Gerd Erhartt, Hemma Fasch, Rudolf Fritz,
Johanna Fusch-Stolitzka, Andreas Gerner, Mark Gilbert, Adele Gindlstrasser,
Wladimir Goltnik, Norbert Grabensteiner, Martina Grabensteiner, Roland
Gruber, Alexander Hagner, Ulrike Hausdorf, Florian Haydn, Christoph
Hinterreitner, Oliver Hoegn, Susanne Höhndorf, Bibiane Hromas, Gerhard
Huber, Mladen Jadric, Stefan Jirsa, Rochus Kahr, Michael Kamenik, Peter
Kaserer, Günter Katherl, Nicolaj Kirisits, Eleonore Kleindienst, Robert Kniefacz,
Christian Koblinger, Martina Kögl, Felicitas Konecny, Rupert Königswieser, Ingrid
Konrad, Alex Kubik, Maria Langthaller, Axel Linnemayer, Siegfried Loos, Maja
Lorbek, Thomas Maierhofer, Gerhard Mair, Andreas Mangl, Inge Manka,
Andreas Marth, Christian Matt, Wolfgang Mayr, Martin Mittermair, Jürg Näf,
Peter Nageler, Michael Neumann, Ines Nizic, Gösta Nowak, Harald Ofner,
Michael Ogertschnig, Christian Panek, Friedrich Passler, Arnold Pastl, Claudia
Pöllabauer, Nikola Popovic, Lorenz Potocnik, Lorenz Promegger, Thomas
Pucher, Paul Rajakovics, Rita Reisinger, Catherine Rennert, Gernot Ritter, Peter
Rogl, Bruno Sandbichler, Franz Schartner, Hans Schartner, Mathias
Schindegger, Josef Schmidt, Ursula Schneider, Martina Schöberl, Andrea
Schröttner, Lukas Schumacher, Margit Schwarz, Christian Seethaler, Bernhard
Sommer, Ambros Spiluttini, Klaus Stattmann, Ernst Steiner, Markus Steinmair,
Hartwig Steinwender, Bernd Stingl, Alexandra Stingl, Gerhild Stosch, Martin
Summer, Michael Sykora, Gabriele Szeider, Robert Temel, Erik Testor, Mario
Teynor, Joachim Thaler, Dietmar Tollerian, Markus Tomaselli, Guido Trampitsch,
Johann Traupmann, Andreas Vass, Robert Vörös, Nikolaus Westhausser,
Carmen Wiederin, Uta Wiegele, Friedel Winkler, Martin Wölfl, Markus Zilker,
Michael Zinner

Mitglieder der IG Architektur, die zwischen 2002 und 2022 einmal oder
wiederholt in den Vorstand der IG Architektur gewählt wurden:

Einige davon haben sich über viele Jahre – bis heute – engagiert:
Thomas Arnfelser, Valerie Aschauer, Christian Aulinger, Katharina Bayer,
Jasmine Blaschek, Mark Blaschitz, Betül Bretschneider,Doris Burtscher,
Reginald Chociwski, Roman Delugan, Franz Denk, Astghik Der Sakarian,
Alexander Diem, Jakob Dunkl, Matthias Finkentey, Ulla Fußenegger, Thomas
Gamsjäger, Adele Gindlstrasser, Norbert Grabensteiner, Marion Gruber,
Roland Gruber, Theresa Häfele, Susanne Höhndorf, Daniel Hora, Severa
Horner, Bibiane Hromas, Gerhard Huber, Patrick Jaritz, Marko Jell-Paradeiser,
Martina Kalteis,Günter Katherl, Mona El Khafif, Nicolaj Kirisits, Martina Kögl,
Susan Kraupp, Christian Kronaus, Magdalena Lang, Maria Langthaller,
Siegfried Loos, Maja Lorbek, Inge Manka, Christof Matthes, Gernot
Mittersteiner, Marie-Theres Okresek, Christian Panek, Ida Pirstinger, Azita
Praschl-Goodarzi, Irene Prieler, Rita Reisinger, Mathäa Ritter, Bruno
Sandbichler, Heide Schicht, Barbara Schimek, Matthias Schindegger, Fritz
Schöffauer, Lukas Schumacher, Bernhard Sommer, Malgorzata Sommer-
Nawara, Stijn Nagels, Alexandra Stingl, Gerhild Stosch, Markus Taxer, Wolfgang
Timmer, Susanne Tobisch, Markus Tomaselli, Eric Tschaikner, Andreas Vass,
Robert Vörös, Fabian Wallmüller, Constance Weiser, Astrid Wessely, Nikolaus
Westhausser, Michael Wildmann, Georg Winter, Martin Wölfl, Martha Wolzt,
Johannes Zeininger

Mitarbeiter*innen der IG Architektur von 2004 bis 2022:
Matthias Finkentey, 2004–2018
Katrin Ecker 2007–2009
Jutta Strohmaier 2008–2010
Ulrike Kahl 2010–2020
Brigitte Deutschländer-Bauer 2016–2021
Michaela Geboltsberger, seit 2021
Amelie Schlemmer, seit 2022

Die Herausgeberin hat sich unter größtmöglicher redaktioneller Sorgfalt und
nach besten Kräften bemüht, die obige Namensliste vollständig zu erstellen.
Sollten dennoch Mitglieder übersehen worden sein, bitten wir um entsprechende Hinweise. Wir werden diese in nachfolgenden Auflagen berücksichtigen.

Die Liste aller aktuellen Mitglieder der IG Architektur befindet sich auf
www.ig-architektur.at/mitglieder-42.html

Diese Publikation wird gefördert durch:

⊒ Bundesministerium
Kunst, Kultur,
öffentlicher Dienst und Sport

Unterstützt durch
»Frischluft – Kunst im Freien«

 Stadt
Wien

Diese Publikation wird
unterstützt durch:

 Für die
Stadt Wien

Impressum

Cover: Anna Liska

Herausgeberin:
IG Architektur, Gumpendorfer Straße 63B, 1060 Wien

Konzept: IG Architektur

Redaktion: Michaela Geboltsberger, Fabian Wallmüller
Alle Fotos Baukulturausstellung: paul ott photografiert

Team Baukulturausstellung:
Michaela Geboltsberger, Magdalena Lang, Regina Novak,
Lukas Schumacher, Fabian Wallmüller

Lektorat: Y'plus

Gestaltung und Satz: Anna Liska

Bildbearbeitung: Mario Rott

Gedruckt in der Europäischen Union
Druckerei: Medienfabrik Graz

Bibliografische Information der Deutschen Nationalbibliothek
Die Deutsche Nationalbibliothek verzeichnet diese Publikation in
der Deutschen Nationalbibliografie; detaillierte bibliografische
Daten sind im Internet über http://dnb.d-nb.de abrufbar.

jovis Verlag GmbH
Lützowstraße 33
10785 Berlin

www.jovis.de

jovis-Bücher sind weltweit im ausgewählten Buchhandel
erhältlich. Informationen zu unserem internationalen Vertrieb
erhalten Sie von Ihrem Buchhändler oder unter www.jovis.de.

ISBN 978-3-86859-760-8 (Softcover)
ISBN 978-3-86859-802-5 (PDF)

Inhaltliche Partner*innen der IG Architektur:

Kooperationspartner*innen: